あなたはこども？ それともおとな？

思春期心性の
理解に向けて

金坂弥起
kanesaka Yaoki

学芸みらい社
GAKUGEI MIRAISHA

あなたはこども？ それともおとな？
思春期心性の理解に向けて

目次

はじめに――ある中学校での試み

ある中学校で道徳の時間をお借りして、思春期真っ只中にある中学二年生を対象に、自己理解と他者理解を促すグループワークを試みたことがあります。山間部に位置する小規模校で、一学年がわずか一五名ほどの小さな中学校です。課題名は、「あなたは子ども？　それとも大人？――大人になることの意味を考えてみよう」です。

その具体的な内容は、自分の中の子どもの部分と大人の部分を各自で自由に書き出してみる、というものでした▼1。その前に、次ページのような情報【図1】を提示し、子どもと大人の境目はとても多義的であること、もちろん法律的には二〇歳からが成人なわけですが、しかし、いろいろな側面で子どもと大人の境目はさまざまであるということを伝えました。

▼1　人の心を理解する上で、同じ人の心の中にもさまざまな部分《パート》が同時に存在するという発想の仕方が、心理学にはある。第2章で言及する葛藤がその最たるもの。

・昔は、元服という儀式で幼名から実名へ。
・第二次性徴の発現によって大人の体になっていく。
・電車やバスの乗車賃は、一二歳以上の中学生から大人運賃。
・逮捕されるのは一四歳から。
・国が定めた義務教育は一五歳まで。
・女性は一六歳、男性は一八歳で結婚が可能。
・自動車運転免許、パチンコは一八歳から。
・法律的には二〇歳で成人。選挙権[2]、酒、タバコ。
・被選挙権は衆議院議員、地方議会議員、市町村長で二五歳以上。参議院議員、都道府県知事は三〇歳以上。
・「四十而不惑（四十にして惑わず）」（孔子『論語』）。

図1　いろいろな大人・おとな・オトナ

中学生が回答してくれた「子どもの部分」と「大人の部分」の例を以下に列挙します。思春期の子どもたちが、どのように自分の心の中を見つめているかの一端が垣間見えます。

まず「子どもの部分」としては、「野菜が嫌い」「休日は朝起きるのが遅い」「ゲームをやり過ぎる」「悪戯《いたずら》が楽しい」「苦手なことか

▼2　本書執筆中の二〇一五年六月、選挙権年齢を二〇歳以上から一八歳以上に引き下げる改正公職選挙法が成立した。飲酒や喫煙も一八歳以上に引き下げようという議論がある。

一八歳と二〇歳という、いわばダブル・スタンダードが混乱を招くという意見がある。その一方で、全てを一律に一八歳以上に揃えてしまうのではなく、あえて移行期として二年間の幅を持たせておく意義、すなわち「大人でもあるし、子どもでもある」「大人でもないし、子どもでもない」といった中間領域としての最後の二年間が貴重であるという理解も可能である。

ら逃げる」「親に頼ることが多い」「幽霊▼3が出るかも……と思う」「お父さんが怖い」「親の顔色を窺う」「片づけが苦手」「冬でもアイスを食べてしまう」「漫画が好き」「思ったことをすぐに口に出してしまう」「梅干しが食べられない」「まじめな時間が苦手」「好きなものは好き、嫌いなものは嫌いとはっきり言ってしまう」「遅刻する」「すぐ腹が立つ」「夜に目が覚めると怖い」「大人にイライラする」▼4「涙腺がゆるい」などでした。

一方、「大人の部分」は、「親の身長を超えた」「登校時間が早くなった」「パソコンを使ってプリントを作れるようになった」「夜中まで起きていられる」「食事を残さない」「コーヒーが飲めるようになった」「優先順位を考えるようになった」「ある程度のことを自分ひとりでできる」「好き嫌いが減った」「辛いものが食べられるようになった」「ある程度なら初対面の人と話せる」「怪我をすることが少なくなった」「お金の使い方が荒くなくなった」「嘘がうまくなった」▼5「自分のやりたいことを決めて計画的にできる」「大人の言っていることがわかる」「自分で早起きができる」「時間を守れるようになった」などでした。

▼3　幽霊やお化けについての空想は、死後の世界やあの世の存在を仮定すること、すなわち生と死の峻別が前提となっている。同時にそれらの対極に位置する神や仏などの超自然的、超人間的存在が仮定されてもいるという意味で、宗教性の萌芽を見て取ることができよう。

▼4　第二反抗期については第7章で詳述する。

▼5　嘘を「つける」ことの心理学的意味については第6章で詳述する。

唯一の正しい答えはないということを強調したことによって、ここまで多様な回答が得られ、こちらも学ぶところがとても多かったように思います。

そして、小規模校であることを活かして、クラス全員にひとりずつ自分の書いたことを全部発表してもらいました。人によっては、それはむしろ大人の部分、あるいは子どもの部分の方なのではないかと疑問に思う回答も含まれているかもしれませんが、その人自身がそう思っているのだから、ということをやはり強調して、批判したり、茶化したりしないようにという注意が必要でした。

さらに、クラスみんなの発表を聞いた上で、小グループでディスカッションしてもらい、最終的な感想を自由に書いてもらったところ、以下のような感想が寄せられました。一部ですが、ご紹介します。

・今回の授業でいろんな子どもの部分や大人の部分を知ることができて楽しかったです。まだ一四歳なので子どもの部分がたくさんありました。けれど、やはり子どもは子どもなので、別にたくさ

んあってもいいと思います。子どもの今を楽しんでいきたいです。今回はありがとうございました。（男子）

・みんなそれぞれにいろいろな子どもの部分、大人の部分があるのだなと思った。自分との共通点や違うところをたくさん見つけられた。今まで知らなかったクラスの人のことをたくさん知ることができたような気がした。やっぱり、みんな違って、みんないいんだなと改めて実感した。（女子）

・最近あまり自分と話をしていなかったので、大人の部分、子どもの部分がわかって、思っていたより成長してないのかなーと思った。だけど、大人になっている人が少なくて安心した。まだまだ子どもで、できなかったりすることが多いけど、少しずつ大人になっていけばいいのかなーと思った。他の人の子どもの部分とあてはまるところがいくつかあったので少しほっとした。（男子）

・自分の大人の部分、子どもの部分がよくわかった。これからもっと歳をとれば、大人の部分が増えていくはずだ。でも、子どもの部分はこれからも持ち続けたいと思った。（男子）

・自分の子どもの部分は多いなと思っていたが、周りの人もけっこ

う子どもの部分が多いことに少し驚いた。（女子）

・みんなと同じ意見として当てはまるものもあれば、全く当てはまらないものもあり、人によっていろんな感じ方があるということを深く実感できたと思います。（男子）

・私が今まで、この人、大人っぽいなって思っていた人とか、子どもっぽいなって思っていた人にも、ちゃんと大人なところと子どもなところがあって、完璧な人間っていないんだなって思いました。[6]（女子）

人間の多様性を認め、その個別性や独自性を尊重するという臨床心理学のスタンス[7]が中学生たちに少しは伝わったでしょうか。

いずれにしても、子どもの部分、大人の部分をめぐっては、ここにひとつの重要な逆説が孕まれていると言えます。つまり、感想の中にあった「最近あまり自分と話をしていなかった」という表現がとても興味深いのですが、「自分と話をすることができる」、すなわち、「自分はまだまだ子どもだなぁ」「未熟なところがあるなぁ」、あるいは「成長できてないなぁ」などと自分自身を振り返って冷静

▼6
周囲の人と自分を比較せずにはおれない思春期心性については、第3章を参照。

▼7
そうした多様性や個別性、独自性が何に由来するかについての仮定の仕方によって、心理学の中での学派が分かれることになる。例えば、無意識が心的過程を決定している側面があることを積極的に認めるのが精神分析で、環境側による働きかけの有効性を強調するのは行動主義、そして、自由意志を持つ人間の主体性に全幅の信頼を寄せるのが人間性心理学である。

に内省できること自体、その人が大人の心を持っていることの証拠ではないかということです。幼稚園児が「自分と話をする」ことで「ボクはまだまだ大人になり切れていないなぁ」と自分を振り返ることができるとはとても思えません。

そのように考えると、自分自身の中に子どもの部分を見出せるには、一定以上の心の発達が前提になっていると言えます。[8] 逆に、自分は一〇〇パーセント大人であると心密かに思っている人がいるとすれば、それは慢心や驕慢《きょうまん》、不遜などと呼ばざるを得ず、成熟とは対極に位置づけられるものでしょう。そして、中学生の感想にもあったように、完璧な人間はいないのですから、どんな大人もそれぞれ子どもの部分を心の中に宿しているわけです。

そうした自らに対する洞察（自分自身に対する発見や気づき）を目指して、大人への移行期にある思春期の子どもが、自分の心の中にある子どもの部分と大人の部分を見つめてみる試みの意義は決して小さくありません。この試みは、小学校五〜六年生に行ってみても、興味深い結果が出るのではないかと思います。さらに、可能なら、縦断的に追いかけてみる、[9] つまり、同じ人が一年後、二年後、五年

▼8　このような心の営みを心理学では、「自己モニタ」あるいは「セルフ・モニタリング」と呼ぶことがある。簡潔に言い換えるなら、自己の現在の内的状態や意識経験の過程を観察、記録、評価すること。

▼9　発達心理学における研究法には、大まかに言って、横断的研究（横断的デザイン）と縦断的研究（縦断的デザイン）のふたつがある。

前者は、同じ時点での異なる年齢集団、例えば、ある小学校におけるある年度の一年生と六年生とで、認知的発達の程度を比較検討するといった方法である。ただし、この場合、同一年

後、一〇年後に同じ課題に対してどのように回答するかを追跡調査してみると、その人の成長のプロセスが手に取るようにわかることでしょう。

＊

本書は、人間の多様性を認め、その個別性や独自性を尊重する臨床心理学の視点から、思春期心性の理解を目指すものです。しかし、思春期真っ只中の本人の心のあり様だけを切り取って論じるのではなく、過去から現在、そして未来へといった時間的展望の中で、心と体の問題、心のトラブル、友人関係、家族関係など、思春期を理解する上でのさまざまな観点から、思春期の全体像を立体的、多次元的に捉えてみたいと思います。

想定される主な読者の方々は、小中学校の先生方、高校の先生方、思春期のお子さんを持つ親御さん、あるいはまだ思春期に至っていないお子さんを持つ親御さんなどですが、心理学や精神医学、教育学、保育学、福祉学、看護学など、対象者との人間関係がその実践の基盤となる、あらゆる実践的学問領域▼10におけるサブリーダーとしても、一定の役割を果たせるのではないかと思っております。もち

齢集団（専門的には「コホート」と呼ぶ）の発達を直接とり上げてはいないため、双方の集団が独自に経験してきた社会状況や生活事情、教育水準などが異なる可能性があり、比較には慎重さを要する。

それを克服する方法のひとつが後者で、こちらは同一の個人や集団を時間をかけて追跡していくことによって、コホート間のばらつきを除外することができる。しかし、この方法にも、対象者の脱落が避けられなかったり、時間やコストがかかり過ぎたりするという問題が生じる。

いずれにしても、生身の人間の発達的変化を比較することには困難や限界を伴うことを、心理学は心得ている。

ろん、ご自身の思春期を振り返って見つめ直してみたい一般の読者の方々にもお読みいただけると幸甚です。

なお、脚注では補足説明や裏づけとなる知見、関連する心理学的情報を思いつくまま書きました。読み飛ばしても本文の理解を妨げることはありませんが、心理学の初学者には有益な一助となるでしょう。

▼10 コラム7を参照のこと。

第1章 思春期って、なんだろう?

大人になると
自分の思春期を忘れてしまいます。

毎日がとても忙しいので、
そして一日一日を生きるのに精一杯なので、
大人にとって、
かつての自分の心は遠い過去のものです。
でも、少しくらいなら
思い出すことができます。

1 大学の授業から

まずは、大学の心理学の授業で筆者自身が経験したエピソードからご紹介いたします。

大学一～二年生を対象にした「心理学入門」や「心理学概説」などの授業では、人間が物理的な環境世界をどのように捉え、意味づけ、そこに適応していくかの基盤となる「感覚・知覚・認知[▼11]」が最初のテーマになることが一般的です。教科書においても、そうしたテーマが冒頭で解説されていることが多いようです。いわゆる五感（視覚、聴覚、嗅覚、味覚、触覚）は、人間が環境世界の中で生きていく際の生物学的な基盤とも言えます。

そのようなテーマを扱う授業の中では、人間の「感覚・知覚・認知」において誰にとってもあてはまるような、原則となる一般性や普遍性を教示することはもちろんのことです。しかし、それだけではなく、人によってはものの見え方や感じ方はさまざまに異なる場合もあるという、多様性や個別性にも言及されるべきです。

▼11
感覚、知覚、認知は、物理的な外的環境から情報を得る一連のプロセスであり、厳密な区別は困難である。あえて図式的に整理するなら、赤い球形のものが見えるという水準が感覚、それがリンゴであると意識的に把握できる水準が知覚、さらに、主体の個人差が反映されて、おいしそうなリンゴだと受け止める高次の水準が認知である。

科学としての心理学が誕生したとされる一八七九年以前は、感覚についての法則性は、生理学者や物理学者によって提唱されたが、そうした学問領域は、

心理学における理解の枠組みには、大別して、法則定立的《ほうそくていりつ》アプローチと個性記述的アプローチのふたつがあります。前者は、多くの人に共通する心の働きの普遍性や一般性、法則性を探求するアプローチの仕方で、主に測定された量的データを扱います。一方、後者は、個人の体験の多様性や個別性、独自性を記述するアプローチで、主に言葉による質的なデータを扱います。

双方のアプローチは、人の心を理解する上で言わば相互補完的な対応関係にあり、その間に優劣はなく、どちらも重要なアプローチの仕方です。ただし、前者は、大量のデータの平均値で議論することが多く、一人ひとりの個性が捨象されてしまうという点で、そして後者は、体験の独自性を記述するだけでは普遍性が担保されにくいという点で、双方ともに弱点があります。

個性記述的アプローチの観点から、筆者が知覚体験の多性性を伝えるために授業の中で使っている素材は、例えば以下のようなものです[12]【図2〜4】。

図２はたいていの心理学の教科書で紹介されていますが、若い女性の斜め後ろから見た顔と、鼻の大きな老婆の横顔が見えます。図

当時、精神物理学（心理物理学）と呼ばれた。

▼12　専門的には「図地反転図形」と呼ばれる。形となって見える部分が「図」で、背景が「地」であるが、それが反転するとまったく別のものが見える。どちらの見え方もするという意味で、「多義図形」と呼ばれることもある。

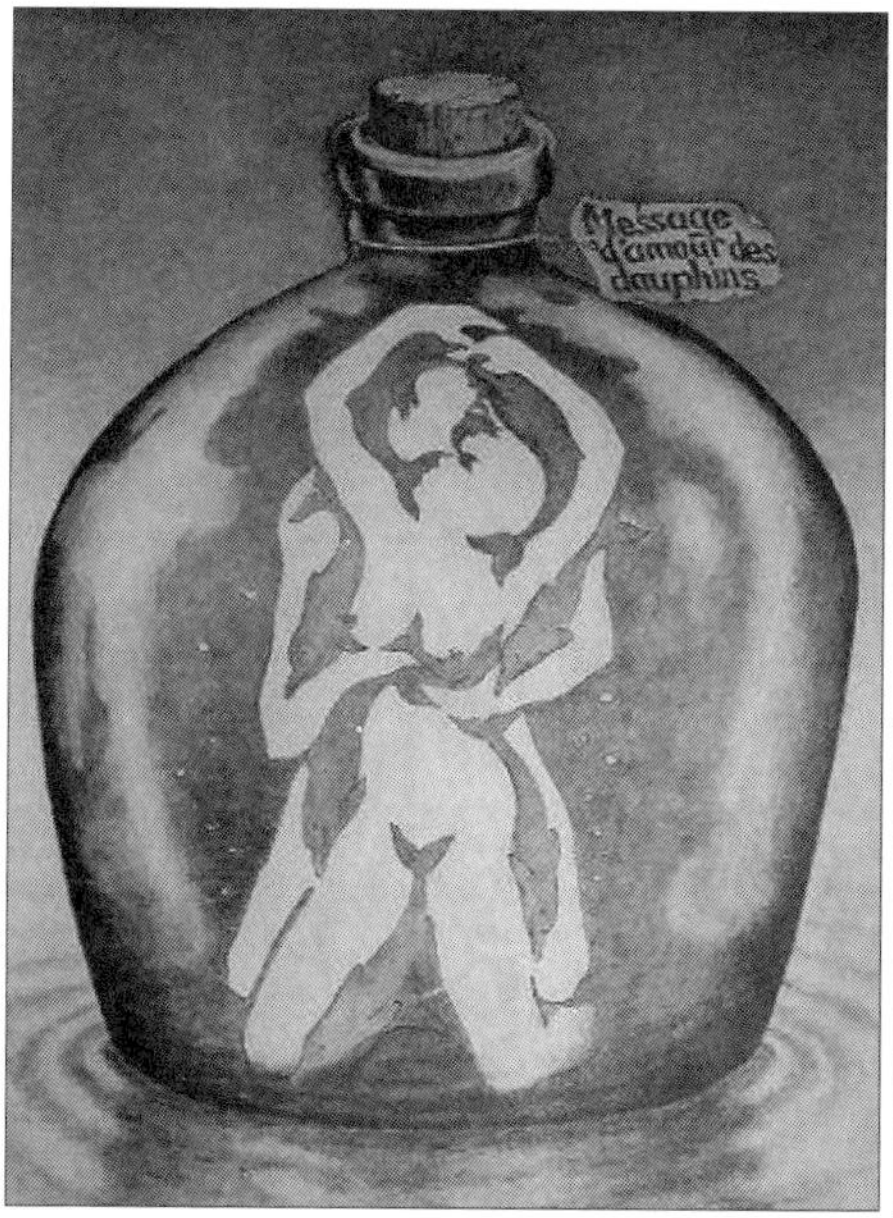

図4

図2

図3

図2　私の妻と義母(Hill, W.E., 1915)
図3　白石和也『錯視の造形――メノトリックス』(ダヴィッド社、1978年)
図4　Sandro Del-Prete 作

３では、チンパンジーの横顔と、下水道の入り口のようなところでこちらを振り返っているウサギが見えます。下水道の奥には、目を瞑った人の横顔も見えるかもしれません。

問題は図４です。たいていの大人はこの絵から男女の営みを見て取るのですが、外国の研究報告では、性行為をまだ知らない一〇歳くらいまでの子どもがこの絵を見ると、多くの子どもはイルカが見えると答えるそうです（黒い部分がイルカに相当し、数えると合計で九頭もいます）。

心理学の授業において、筆者はこの図４を提示しながら、人間のものの見え方や感じ方は、その人の経験や知識、立場、性格、願望、欲求、期待、態度、感情状態といった個人的な要因によってさまざまに異なることがあり得ると説明しています[13]。したがって、上述のように、大人の見方と子どもの見方が自ずと異なる場合があることは決して珍しいことではありません。

極論するなら、その人にとって見たいものが見えてしまうのです。そうした事実に無頓着だと、子どもが必死になって「イルカが見える！」と主張しているのに、男女の営みだけを連想して（興奮して）

▼13　知覚者の立場や経験が知覚に影響する「社会的知覚」の例として、コインは同じ大きさの型紙よりも大きく見え、しかも額の大きいコインほど、また貧困層ほどその過大視の程度が大きくなるという古典的研究が有名。

一九四〇年代後半、知覚に影響する知覚者側の要因が強調された一連の研究動向は、当時、「ニュールック心理学」と呼ばれた。

いる大人は、「イルカなんかどこにいるか？」と子どもの訴えを受け止めきれず、「イルカなんてどこにもいやしない」と子どもの気持ちを退け、子どもの心を意図せず傷つけているかもしれません。

現実世界というのは極めて多義的なものですから、一面的な見方だけで判断するのは早計というものです。むしろ、固定観念にとらわれることなく、可能な限りさまざまに異なる視点から捉えようとする「複眼視」[14]こそが人生を豊かなものにするのではないかという説明は、こうした視覚的素材があると説得力が高まります。

この絵そのものは何ひとつ変わっていないわけですから、当初見えなかったイルカが見えるようになったのであれば、それだけ私たちの内的体験が豊かになったと言えるでしょうし、見えなかったイルカが見えるようになった瞬間、ある種の感動をもたらしてもくれるはずです。事実、それまで見えなかったイルカが見えた瞬間、歓声を上げる大学生も少なくありません。

その上で、大人は子どもよりエライとか物事をよく知っているとか、大人の方が正しいといったようなことは、一概には言えないのではないかという問題意識を大学生たちに投げかけています。その

▼14　発達心理学の文脈では、そうしたいわゆる「複眼視」が可能になる前の段階では、子どもは自分以外の視点が存在することがわからないとされるが、それを「自己中心性」（あるいは「中心化」）と呼ぶ。ただし、日常語のそれが意味するわがままや身勝手ではないことに注意が必要。やがて発達に伴ってそれが克服されることを「脱中心化」と呼び、一義的だった視点が相対化される。

ような問題意識は、人間の多様性や個別性、あるいは独自性といったものへの謙虚さを涵養《かんよう》することにつながるであろうという期待もあります。現実世界が多義的であることは、それだけ人間が多様であることを裏づけていると言えるのです。あるいは「逆もまた真なり」で、人間が多様であるからこそ、現実世界が多義的であるとも言えるでしょう。[15]

2 思春期の生きづらさの一側面

前置きが長くなりましたが、ここからが思春期に関する本題です。先に述べた通り、この図4から男女の姿を連想するのは、大人の反応としては極めてノーマルなわけですが、この絵を味わった大学生たちの反応がたいへん興味深いのです。授業の最後にミニレポートとして感想を書いてもらっているのですが、例えば、「イルカの絵は最高！　ありがとうございました」と無邪気に喜んでいるのは男子学生です。それに対して、一部ではありますが、女子学生の感想はなかなか深刻です。いわく、

▼15　ここでの文脈は個人間の多様性に言及しているが、脚注1のように個人内の多様性も認められるべきである。

・イルカは正直最初見えなくて、たくさんいたことに驚きました。そして純粋な子どもの頃に戻りたいと思いました。

・イルカは全く見えず、純粋な気持ちは薄れてしまったのかなと思いました。

・イルカが友だちに言われるまで見えなくて、自分の中の子ども時代のピュアさが消え去っている気がして、心が曇ってしまったのか?と思った。童心を取り戻したい。

・私はイルカは全く見えませんでした。卑猥な脳をしているのかもしれません。

・私って汚れているなぁ……と結構悲しくなりました。

これらはどれも女子学生の感想なのですが、傍線部分はすべて、人間が性的側面を持つ存在であるという現実や自らが性的成熟を遂げつつあるという事実を、まだ十分に受け止め切れていない、いわば思春期心性の名残であろうと理解できます。

「純粋な気持ちは薄れてしまった」「ピュアさが消え去っている」

「卑猥な脳をしている」などの感想に共通する彼女たちの思いを汲み取るなら、それは最後の女子学生の感想に象徴的に見て取れます。最後の女子学生は、この絵から男女を連想せざるを得ない自分自身を「汚れているなぁ」と自己嫌悪▼16し、「結構悲しくなりました」と悲嘆に暮れているのです。

　つまり、この女子学生にとっては、あらゆる性的な事柄はすべて不潔で不純なものであるという確固とした前提がおそらくあって、純潔無垢でありたいと願いながらも、そうした不潔で不純なものを連想せざるを得ない自分自身を「汚れている」と責めているのです。しかし、まるで中学生のような、とも見える切実な感想を率直にわざわざ書いてくれていること自体、彼女にはまだまだ十分、「ピュアさ」が残っている証拠とも言えるでしょう。

　そうした思春期心性にさらに追い打ちをかけるのは、自分自身が誕生したのは、両親によるそのような「不潔」で「不純」な営みの結果に他ならないのだという事実に直面することです。このことは、自分自身のルーツや来歴に想いをめぐらせる▼17ようになる思春期の子どもにとっては、極めて深刻なダメージとなるでしょう。

▼16
「嫌悪」とは、感情の基盤となる快―不快のうち、不快をもたらす対象に対する情動反応。もともとは、腐った食べ物や排泄物に対する拒絶反応を起源とする。それが対人的、文化的、道徳的な領域にまで拡大されて進化したと考えられる。

▼17
いわばアイデンティティの確立に向けた準備であるが、それについては第4章を参照。また、それを家族の歴史の中で見出そうとする際の空想は第7章で詳述する。

「快楽の副産物」などといった露骨な表現がありますが、自分自身がこの世に生まれてきた来歴を考えた時、その下品さ、はしたなさ、ただの副産物に過ぎない卑小感などが、不潔や不純に上塗りされて自分の存在全体を圧倒的なまでに覆い尽くすわけです。その際の痛ましいほどの自尊感情▼18の低さは、「汚れている」という端的な言葉から十分過ぎるくらい読み取れます。

したがって、「大人は汚い」などと口に出しては言わないまでも、思春期の子どもたちの大人に対する反発には、そうした側面も含まれるであろうことは理解されるべきです。一方で、第3章で述べるように、自分自身の性的衝動を持て余すようにもなりますので、「不潔」や「不純」を嫌悪し懊悩《おうのう》する心と、如何ともし難い性的衝動の源である自らの身体との、身を裂くような矛盾から、思春期の心が千々に乱れるのは何ら不思議ではありません。

3　辞書的な定義

若干、理屈っぽくなりますが、ここで思春期の定義を確認してお

▼18　自尊感情については第4章で改めて取り上げる。

きましょう。まずは手元の国語辞典で「思春期」を引いてみます。

既に意味を知っていたり、わかったつもりでいたりする言葉をあえて国語辞典で引いてみると、思いがけない発見があるものです。例えば、岩波国語辞典第五版で「右」という言葉を引いてみると、「①相対的な位置の一つ。東を向いた時、南の方、また、この辞典を開いて読む時偶数ページのある側を言う（以下略）」とあり、執筆者の並々ならぬ創意工夫が読み取れます。

以下、思春期を引いてみます。

「身体構造・生殖生理作用が発育完成する時期。十五歳前後のころ」（岩波国語辞典第五版）

「からだが成長し、物に感じやすくなり、特に異性に対する関心が強くなる年ごろ」（新明解国語辞典第三版）

「二次性徴[19]があらわれ、生殖可能となる時期。一一〜一二歳から一六〜一七歳までぐらいの時期。春機発動期」（広辞苑第五版）

ちなみに英語で思春期とは“puberty”で、その語源は「恥骨」

▼19　第二次性徴については第３章を参照。

や「恥毛」を意味する“pubis”とされます。一方、日本語では「春」を「思う」という漢字があてられますが、春の到来を待ち焦がれるといった春夏秋冬の春ではなく、ここで言う「春」とは性的な意味合いがあることは言うまでもありません。引用した三種の国語辞典でも、何がしかの表現でそうした側面に言及されています。したがって、英語でも日本語でも、その呼び名を確認するだけでも、思春期を考える上で、性的な問題を避けて通ることができないことが改めてわかります。

次に、筆者の手元にある心理学関連の辞典で引いてみます。

「研究者によって年齢区分は若干異なるが、狭義には一二〜一四歳、広義には一二〜一七歳くらいをさす。思春期という区分は、第二次性徴の出現を中心とする生物学的区分であるが、最近は社会的な区分に重きをおき、中学生以降大学生くらいまでを含めて青年期として扱うことがより一般的である。思春期は、性的・身体的に成熟に向けて大きな変化を迎える時期であり、ホルモンをはじめとして身体のさまざまな部分で、これまでのバランスが崩れ新しい均衡へと

▼20　心因（心理的な原因）によって起こる多種多様な心身の機能障害の総称。“neurosis（神経症）”は、ドイツ語の「ノイローゼ」に相当する。

▼21　統合失調症の古典的分類のひとつ。破瓜期すなわち思春期に発症することが特徴の、無為自閉（引きこもり）、感情鈍麻、意欲低下といった陰性症状を主体とする統合失調症。古くは破瓜病と呼ばれていた。

▼22　有斐閣『心理学辞典』（一九九九年）。

向かう。この過程は精神面にも大きな影響を与え、内的な緊張や、やり場のない衝動がうっ積したりする。また精神的には自我の独立に目覚めることにより第二反抗期を迎え、既成の権威に反発することで自らの個別性を主張し、独立を確認しようとする。この時期が疾風怒濤《しっぷうどとう》の時代と呼ばれるゆえんである。こうした激しい変化を伴う思春期は、神経症[20]、破瓜型分裂《ママ》病[21]など多くの適応障害が現れやすく、その意味で危機的時期でもある[22]」

心理学では、思春期における危機的状況を「思春期危機」と呼んでいます。もうひとつ別の辞典から引用します。

「第二次性徴の出現に伴う心身の変調が経験される数年間をいう。心理学的には青年期初期にあたり、暦年齢では中学時代の三年間にほぼ重なる。子ども時代を締めくくり、大人時代の幕開けに備える過渡的な時期である。身体が自分の意志を越えてますます性的な存在になる経験と、やがて親から独立し個として立ってゆくことへの予感がこの時期を象徴する。思春期の若者は、あるときは独自の理

▼23
本来の意味は、特に精神分析的な心理療法の中で、治療関係に対する反応として、記憶や葛藤を言語化する代わりに、短絡的な行動で表現してしまうことを指す。その後の意味的な変遷の中で、広義には、治療関係とは無関係に起こる、葛藤の一時的な解決のための行動全般を意味するようにもなった。
一方、内面的な葛藤が原因で頭痛や腹痛、下痢といった身体症状を呈する場合を「身体化」と呼ぶ場合がある。成熟と見なされる「言語化」は、「行動化」や「身体化」の対極に位置づけられる。

▼24
「思春期妄想症」については第

論を振りかざして個を主張し、また別のときには大人の保護を強く求める。子どもでも大人でもありながら、そのどちらにもなりきれない点、彼ら自身にも自分の本質がつかめず、他者が理解できるような形で自分を表現できない点、時々刻々変化する感情を持て余しがちな点に、中間人としての彼らの困難がある。些細な出来事をきっかけに激しい行動化[23]を起こすなど、安定をよしとする大人の目に彼らの行動は理解しにくい。彼らの揺れ動きをむしろ当然のプロセスとして承認し、実際の危険がなるべく少ない方向で十分揺れ動いてもらうように手を貸してゆくことが、大人たちの担う役割であろう。ただし、高校受験準備に追われる中学生の姿や、心身発達の兆候をなるべく打ち消そうと願う保護者の多いことがわが国の現状でもある。不登校、家庭内暴力、対人恐怖、思春期妄想症[24]、思春期やせ症[25]など、この期に頻発する症状には、発達上の一時的な不適応である場合とその後の長期的精神障害の前兆である場合が混在している[26]。適度な距離を保ちながら、彼らを見守る大人の存在の重要性が浮かび上がってこよう[27]」

6章で詳述する。

▼25

思春期に発症しやすい「摂食障害」のひとつ。背景のひとつとして、第3章で述べる「身体不満」が想定される場合がある。詳細は第6章を参照。

▼26

一時的な不適応にとどまるものか、長期的な精神障害の前兆であるかをその時点で判断することは不可能である。だからこそ、どのような問題であっても、看過することなく、最大限ていねいで慎重な対応が求められる。

たとえ遺伝的な負因があっても、早い段階で環境側からの適切な介入があれば結果的に発症を防ぐことができるし、劣悪な

「適度な距離を保ちながら」というのが難しいところです。なぜなら、何をもって「適度」とするかは人それぞれ、あるいは時と場合によって異なるわけで、心理的にも物理的にも、「適度な距離」が具体的にどのくらいの距離なのかは誰にも答えることができないからです。

このあたりの匙加減や塩梅《あんばい》は料理のそれと同じく、「お水ひたひた」「お塩ひと摘まみ」「さっと茹でる」など、きっちり計ってどの程度かは誰にも答えられないのと同じです。したがって、当然のことながら、その距離を見誤るという失敗の可能性も絶えずついて回ることでしょう。距離を取り過ぎたり、縮め過ぎたりといった試行錯誤を経験せずに適度な距離を心得ることはほとんど不可能なのです。

環境に長く置かれれば、遺伝負因とは無関係に問題が生じることもある。

いずれにしても遺伝と環境との線引きを一義的に決定することはできないため、長期的な見通しに基づいて慎重に見立てていく必要がある。

▼27
ミネルヴァ書房『カウンセリング辞典』（一九九九年）。傍線は引用者による。

第2章 移行期としての季節《とき》

移行期を生き抜く体験には大きな意味があります。

ある日突然、大人になるわけではありません。
オタマジャクシはカエルになる前に、
手足の生えた不格好な状態をしばらく生きます。
どちらでもあるし、どちらでもない。
そんな中途半端が落ち着かないのです。

1 思春期と青年期

先に述べたような第二次性徴の発現を最大の特徴とする思春期とは別に、青年期[28]という呼び方もあります。「思春期・青年期」と両方が併記されることも少なくありませんが、あえて双方の違いが明確になるように簡潔に述べるなら、思春期が「第二次性徴の発現によって次世代を生殖するための生物学的な条件が整い始める時期」であり、青年期は「思春期における急激な身体的変化に付随して生じる心理的、社会的変化を遂げる時期」となります。

厳密な線引きが困難であることを承知の上であえて図式化するなら、思春期はおおよそ小学校高学年から中学卒業まで、青年期はさらにそのあとの社会人として働き始めるまでの期間を含むと理解してもあながち間違いではないでしょう。

生物―心理―社会モデル（bio-psycho-social model）[29]という立体的なモデルで人間を理解していく必要性は、臨床心理学や精神医学ではもはや常識と言っていいでしょう。人間を、ヒトという生物的

▼28
通常、青年期は英語で“adolescence”で、その語源は「成長する」「成人する」などとされ、思春期の場合と異なり、性的な意味合いはない。

▼29
あるいはハイフンで区切らずに“biopsychosocial model”。
二一世紀に入り、特に英語圏では、上で述べた生物―心理―社会という三側面に加えて、スピリチュアル（spiritual）な側面を加える発想も一般的になりつつある。
ただ、“spiritual”を英和辞典

側面、心を持つ心理的側面、そして他者と共存する社会的側面という多様な側面を持つ存在として立体的に理解しようという発想です。

それに倣《なら》えば、思春期は生物的側面、青年期は心理的、社会的側面を主に担う概念だと理解できます。青年期は思春期の到来に始まり、概ね就職して社会人として自立するまでのおよそ一〇年前後に相当します。ただし、昨今のいわゆるニートやフリーター、非正規雇用といった不安定な雇用情勢やいったん就職してもすぐに辞めてしまう人が少なくない現状から、職業人として一人前になることが期待される三〇歳くらいまでを広い意味での青年期とみなそうという提言もあります。

2　移行期を生きる

先の定義で見た通り、思春期は子どもから大人への移行期、過渡期と理解されます。移行期や過渡期と言われるのは、児童期の終わり頃と成人期の始め頃の両方にまたがっているため、どっちでもあるし、どっちでもない状態とも言えるからです。要するに中途半端

で引くと「精神的」「霊的」「宗教的」などとあり、日本語としては誤解を招きかねない。「精神的」は「心理的（psycho）」と重複する印象があり、また、「霊的」は霊魂や幽霊を連想させ、何やらオカルトめく。「宗教的」というのも、我が国は欧米ほどの一神教的文化とは言い難い面があるため、やはり馴染みが薄いと言わざるを得ない。

ふさわしい日本語がなかなか見つからないので、カタカナでそのままスピリチュアルと言うこともある。

なのです。

そうした中途半端な状態から、思春期はしばしば幼虫から成虫へと成長する過程の「さなぎ」の時期に喩えられます。[30]さなぎの殻の中では非常に劇的な変化が起こっているわけですが、外からはそれが決して見えない点が、思春期がしばしば難しい時期とされるひとつの所以《ゆえん》なのでしょう。

次の第3章で述べる通り、第二次性徴と呼ばれる身体的な変化は本人の意思とは全く無関係に、嫌でもやって来ますので、本人がどんなに子どものままでいたいと願っていても、「大人になる」という課題から逃れることは決してできません。あるいは、大人になることを、意に反して「強いられる」と表現してもいいでしょう。第3章では「他律的」という言葉で説明していますが、この「本人の意思とは無関係に」「意に反して」という、選択の余地のない、有無を言わさぬある種の乱暴さや唐突さ、窮屈さが、子どもにとって大人になることへの不安や戸惑い、葛藤[31]といったものを助長するのだと思います。

自分は大人になれるだろうか、いや、そもそも自分はどんな大人

▼30
比喩が比喩として成立するには、類似性と非類似性が同時に認められることが前提となる。例えば、「人生はドラマのようだ」という比喩では、「人生」と「ドラマ」は本来別物であるという非類似性と、それらの間には「波乱万丈」という類似性とがある。したがって、「映画はドラマのようだ」は、非類似性が弱いため比喩にはなり得ない。極論するなら、実体のない心を言葉で理解するために命名され、定義されるあらゆる心理学的概念が比喩である。

▼31
同時に満たすことが困難な複数の欲求がほぼ同じ強さで存在し、とるべき行動を決定できな

になりたいのだろうか、なりたい大人に果たしてなれるだろうかといった問いに対しては、誰もそう簡単に答えは見出せないでしょう。子どもたちにとっては、生きていくことの困難に直面する、生まれて初めての重大な試練なのかもしれません。

3　発達加速現象

発達加速現象とは、時代の変遷とともに世代が新しくなるにしたがって、身体面での発達が促進される現象のことです。各種データを引用するまでもなく、例えば子どもの平均身長は、時代とともに伸び続けておりました。ただし、およそ二〇〇〇年以降、高止まりしている様相です。

発達加速現象は、人間の進化を前提とした難しい概念です。手元の辞典から全文を引用いたします。

「世代が新しくなるにつれて、身体的発達が促進される現象をいう。これには二つの側面が区別でき、身長、体重などの量的側面の成長速度が加速する現象を成長加速現象（growth acceleration）といい、

い状況を「葛藤」と呼ぶ。欲求に基づいて対象に接近させる正の誘発性（心が惹きつけられる対象）と、それを回避しようとする負の誘発性（心が離れようとする対象）とからなり、大別すると以下の三種の葛藤が想定される。

まず、「接近―接近型」（例えば、同じくらい行きたかったふたつの大学に合格し、どちらに入学すべきか迷う）は、ふたつ以上の対象に同じくらい魅力を感じてひとつに絞れない状態で、どちらか一方を選べばとりあえずその葛藤は解消する。ただし、あとになって他方を選べばよかったという後悔が生じる可能性がある。言わば、贅沢な悩みであろう。

次に、「回避―回避型」（虫歯

初潮、精通などの性的成熟や質的変化の開始年齢が早期化する現象を成熟前傾現象（maturity acceleration）という。わが国の青少年においてもみられる現象であるが、最近はこれらの現象の停滞化が認められる。発達加速現象の要因としては、栄養状態の改善や、生活様式の欧米化による、畳に座る生活から椅子に腰かける生活への変化が指摘されているが、この他に、都市化に伴う種々の刺激（人間、商品、広告、テレビ、ラジオ、新聞、雑誌等）が視床下部や自律神経系に効果を及ぼすとする都市化外傷説や、婚姻圏の拡大によって出身地の違う者同士が結婚し、この異型接合（heterozygosis）が雑種強勢（heterosis；hybrid vigor）をもたらすとする説もある▼32」

その発達加速現象という観点から注目したいのが、例えば女子における いわゆる平均初経年齢が、一九世紀末ではおよそ一六歳頃だったのが、二一世紀の現在では一二歳以下にまで早まっている点です。このことは、子どもにとって何を意味していると考えられるでしょうか。

霊長類の中で、第二次性徴の発現、すなわち生殖可能な時期の到来が最も遅いのがヒトです。それは、それだけヒトの寿命が長いか

の痛みから早く解放されたいが、歯科で治療を受けるのも嫌）は、どちらも避けたいがどちらか一方を選ばざるを得ない状況。その葛藤の解決を先延ばしすると、事態が悪化したり、葛藤を抱える当人が疲弊したりする可能性を含む。そのため、この場合も、もっと早く解決に着手すべきだったとの後悔を生じやすい。

そして、「接近—回避型」（好きなものを好きなだけ食べたいが、体重が増えるのは嫌）は、ひとつの対象に、惹きつけられる側面と回避したい側面の両方がある場合。この葛藤の解決の仕方に、当人の生き方や人生観、価値観が反映されている場合がある。大学の授業においては、結婚することのメリットとデメリット、さらには結婚を考えて

らでもありますが、その意味するところは、次世代の生殖が可能になる時期まで、ヒトは人間的存在としてゆっくりと時間をかけて成長していく必要があるのだと解釈できます。

進化論的に言えば、次世代の生殖が可能になるまでのその時間的な長さが「ヒト」を「人間」たらしめているのです。しかも、第二次性徴発現後、直ちに次世代の生殖が実現することは極めて稀であって、第二次性徴発現以降も人間としての成長は続きます。そのことが、第４章以降で述べるさまざまな問題、例えば、アイデンティティの確立、自尊感情、友だち関係、親からの自立・自律などが重要になってくる背景です。

ところが、発達加速現象によって第二次性徴の到来が前倒しのような形で早まるとなると、身体的発達が先行し、精神的発達がそれになかなか追いついていかず、双方の発達に時差が生じることになってしまいます。つまり「ヒト」が「人間」になるために必要なはずのある一定以上の時間の長さが、発達加速現象によって相対的に短くなるのです。その結果、精神的な発達がまだ十分ではない段階で体だけが先に大人になっていくという心と体のアンバランスは、

いる相手の長所短所などをめぐって心が揺れ動くことを、この「接近―回避型」葛藤の最もわかりやすい例として説明している。

▼32　有斐閣『心理学辞典』（一九九九年）。

現代の子どもにとって大きな負荷になっているのではないかと想像されます。

先に述べた平均初経年齢の例で言えば、一九世紀末頃までは一六年かけてゆっくりと大人になればよかったのに、現在では一二年足らずでそれを達成しなければならないというわけです。「体ばっかりデカくて……」とは、思春期の子どもの精神的な未熟さを嘆く際の親の決まり文句ですが、本人には全くと言っていいほど責任はないのですから、理不尽な言葉と言えるでしょう。言われた子どもは、「そんなこと言われても……」と当惑するだけです。

一方で、必ずしも実証的なデータに基づくものではありませんが、昨今の子どもの多様化、親の多様化、そして家庭生活の多様化によって、幼児期が長期化する傾向にあるのではないかとの指摘があります。経験豊富な小学校の先生なら、入学してくる子どもたちが、ひと昔前に比べると幼くなったという印象を持たれているかもしれません。幼児期が長期化した上、第二次性徴の発現を最大の指標とする思春期の到来が前倒しになっているとなると、幼児期と思春期の間に位置する児童期が相対的に短くなってきていると結論づけら

▼33　児童期（学童期）の発達課題については、諸学派に基づいてさまざまなことが言えるが、概ね、次の三本柱に整理できよう。すなわち、（1）しっかり遊ぶ体験、（2）仲間と過ごす体験、（3）学校で過ごす体験の三つである。

まず、（1）では、遊び方や遊びの内容そのものが発達することを通して、自分にできることや得意なことが体験され、それが「自尊感情」を育むことが期待される。（2）では、自己主張と抑制の中で、相手と自分との違いが理解されることで、社会的スキルの基礎が獲得される。そして（3）では、親以外の大人である教師との接触が体験されるとともに、集団として

れるでしょう。

児童期[33]は学童期とも呼ばれ、心理学では便宜上、小学校六年間を指します。しかし、先に述べた通り、幼児期の長期化と思春期到来の早期化によって、実際には児童期はもっと短いと考えるべきでしょう。身体面での発達は言うに及ばず、心理学的な観点から言うと、知的発達、認知発達、社会性の発達、自立性の発達、道徳性の発達など、児童期にはさまざまな側面でめざましい発達を遂げます。

その中でも、思春期到来を前提にするなら、児童期は、来るべき第二次性徴を受けとめるための準備、言い換えると、危機的様相を呈することが懸念される思春期を乗り越えるためのエネルギーを蓄える時期とも呼べるでしょう。いささか抽象的に聞こえるかもしれませんが、疾風怒濤と呼ばれる危機的な思春期を、風に飛ばされたり波に流されたりすることなく、何とか踏ん張って持ち堪えるための「基礎体力」を養う時期です。

思春期以降、誰もが自分の心の中で飼い慣らさなければならないものが性衝動と攻撃衝動[34]のふたつだとも言われますので、そうした自らの衝動をコントロールするにも基礎体力は当然必要になります。[35]

の規律ある行動が次第に体得されるようになる。

▼34
「攻撃性」とも呼ぶ。「攻撃」は相手を身体的、精神的に傷つけようと意図された行動のことで、それを引き起こすさまざまな内的過程が「攻撃性」あるいは「攻撃衝動」である。その一因として、例えばテレビなどで暴力シーンを視聴することとの関連が研究されている。ただし、暴力シーンの視聴の結果として攻撃性が高まるのか、もともと攻撃性の高い人が暴力シーンを好んで視聴するのか、その因果関係への言及は慎重さを要する。

▼35
心理学には「満足の遅延」と

そのようなことが必要とされるはずの児童期が相対的に短くなっているとするなら、現代の子どもは昔に比べると、何がしかの生きづらさを抱えているのかもしれません。

　この点に関してどのように考えていくべきかは、六・三の学制のあり方とも結びつく極めて重大な現代的課題と言っていいでしょう。


いう概念がある。すぐに手に入る価値の低い報酬（即時小報酬。例えば今日もらえる五〇〇円）と、手に入るまでしばらく待たなければならない価値の高い報酬（遅延大報酬。明日もらえる一〇〇〇円）とでどちらを選ぶかという課題に際して、前者を選ぶ場合を「衝動性」、後者を選ぶ場合を「自己制御（セルフ・コントロール）」と呼ぶ。

　一般に子どもの場合、待たされる時間が長引くと次第に待ちきれなくなるが、成長とともに、待つことを自分に言い聞かせたり、気を紛らわせたりといったさまざまな工夫を駆使することで待てるようになっていく。

第3章 体が大人になる

成長する体。
「では、心の方は？」という問いが立ちます。

大人から、
「体ばっかりデカくて……」と言われても困ります。
心の成長に比べると、
体の成長はとても早いものです。
その心と体の成長の時差に、
誰よりも本人がいちばん戸惑っています。

1 第二次性徴以前の問題

一般的な教科書や概説書では、第二次性徴が具体的に男女でどのように発現していくかという観察可能な身体面での変化が主に記述されます。

しかし、本書では第二次性徴の発現以前の問題にも触れてみたいと思います。つまり、当然のことながら、第二次性徴の発現以前から子どもたちは自分が男性であるか女性であるかの認識を既に持っているわけですが、それにまつわる心理にも言及することにします。人間の成長や心の発達には連続性がありますので、第二次性徴発現をどのように迎え、どのように体験するかを理解するには、そこだけを切り取って論じるだけでは不十分で、それまでの成長や発達の連続性の延長線上に第二次性徴を位置づける必要があるのです[▼36]。

まず、「性差の発見」についてです。子どもはある時期、人間には男性と女性というふたつの性別があるということを発見し、さらに自分がそのうちのどちらに属するかを認識するようになりますが、

▼36　一過性の出来事としてではなく、連続した成熟のプロセスとして全体を俯瞰する視点が必要である。

特にそのことへの興味関心が高まるのが二歳半から五歳頃にかけての時期と言われています。そのような性別についての知識や自分の性別に対する認識は、生まれた時から備わっているわけではもちろんありません。[▼37]

そうした「性差の発見」は、いわゆるトイレット・トレーニング[▼38]という、子どもにとっては大きなストレスになり得る発達上のプロセスと無関係ではありません。それまではオムツをあてがわれ、大小便がいわば垂れ流しの状態だった時期を脱して、トイレに行くまではどんなに漏れそうになっても我慢することを体得させていくことがトイレット・トレーニングと呼ばれるものです。

それと連動する形で、子どもは人間の排尿の仕方にはどうやら二種類あるようだということを発見していきます。つまり、「立ったままおしっこをする人」と「しゃがんでおしっこをする人」の二種類です。そして、前者が男性であり、後者が女性であること、さらに自分はどういう排尿の仕方をするから、その結果として男女のどちらに属することになるのかを、日常生活の中で毎日何度も体験する排尿から知るようになるわけです。また、外出先で利用するトイ

▼37
性の恒常性は、自分が男女のいずれかであることを受け入れ（性同一性）、それが時間を超えて変わらないこと（性の安定性）、そして、状況的、空間的にも一貫していること（性の一貫性）の認識からなる。

時間的、空間的な一貫性があるという点で、第4章で述べるアイデンティティ確立の重要な一側面になる。

▼38
トイレット・トレーニングは「清潔訓練」と訳される場合が多い。これによって排泄の自立が達成に向かうが、完全に自立されていない状態を遺尿症と呼び、特に夜間の遺尿を夜尿症と呼ぶ。

レには通常、男性用と女性用の二種類があるという事実も、その発見を大いに手伝うことでしょう。

排尿の仕方の違いは、男女における性器（泌尿器）の形状の違いに由来することは言うまでもありません。子どもにとっては、母親の乳房を除けば、目に見える明らかな体の男女差はその一点のみです。

したがって、子どもの体験に即して言えば、男の子であれば、自分にはペニスがついているが、女性と呼ばれる人にはそれがついていないのはどうしてだろうかという空想を大いに掻き立てられることになります。大人になれば、その事実を不思議に思うことはなくなってしまいますが、性差の発見からまだ間もない子どもにとっては一大関心事なのです[▼39]。

そうした時、子どもというのは突拍子もないことを空想するもので、ペニスがついている男の子にとっては、ペニスのない人（すなわち女性）というのは、もともとあったペニスが何らかの事情で切り取られてしまったのではないかと、現実にはとてもあり得ない空想を半ば無意識的にめぐらせることになります。

▼39
子どもは女性器における膣の存在を知らないため、肛門と混同されるが、そのような子どもの誤解は「一孔仮説」と呼ばれることがある。そうした仮説に基づき、赤ん坊は大便と同様、肛門から生まれてくると誤解される。

大人にとってはあまりにも荒唐無稽《こうとうむけい》な空想と言えますが、多くの子どもたちは、そのような時期と前後して、『舌切り雀』や『こぶとり爺さん』といったお伽噺《とぎばなし》を聞かされたり、絵本で読んだりするでしょうから、時と場合によっては、罰として、あるいは意地悪された結果として、体の一部が無慈悲にも切断されるという事態があり得るという一定の「リアリティ」があるのかもしれません。

また、その頃の子どもにおいて、それまで生えていた乳歯が抜けるというのも、体の突出した一部が切断あるいは欠損する体験であり、大人が忘れてしまっている重大な事実なのです。

そうすると、男の子の場合、次に何を空想するかというと、自分も何らかの拍子にいつかペニスを切断されることになるかもしれないという、身の毛もよだつゾッとするような事態です。事実、地方や時代によっては、「言うことを聞かないと、おちんちんをチョン切るぞ！」といった脅かしに基づく躾の例は決して珍しくはありません。幼い男の子の未熟な空想の中では、したがって、女性はもともとあったペニスを切り取られてしまった人であり、自分もいつかそうなるかもしれないというおぞましい不安を抱くようになるのです。このような不安を専門用語で「去勢不安[▼40]」と呼びます。

一方、女の子は、どうして自分には男の子のようなペニスがついていないのだろうと悩み、そのことを不公平に感じ、あるいは、ペニスのない事実に不満を抱き、自分にもあればいいのにと、やはり半ば無意識的に思うようになります。このことは専門用語で「ペニス羨望[▼41]」と呼ばれます【→コラム1】。幼稚園などで、男の子たちが並んでおしっこをする際、誰がいちばん遠くまで飛ぶかを楽しそうに競い合っているのを、女の子が羨ましそうに眺めている光景は、しばしばあることでしょう。

そのように、第二次性徴を迎えるはるか以前から、自分が男性である、あるいは女性であるという、性別意識の萌芽のあり様を想定することは無意味ではありません。

さらにそれに影響を及ぼす要因として忘れてはならないのが、妊娠出産に際して男女のどちらを望んでいるかという両親の側の期待です。多くの親の場合、生まれてくる子どもが男女のいずれであるかについては、個人的な希望は確かにあるにせよ、最終的には、どちらでもいいからとにかく無事に生まれてきてほしいと切に願うも

▼40・41　いずれも、精神分析学の中で「エディプス・コンプレックス」と呼ばれる、広義の性愛をめぐる両親との無意識的な葛藤を背景にした概念。エディプス・コンプレックスのエディプスは、それとは知らずに実父を殺害した上、実母と結婚したギリシア悲劇のエディプス王に由来する。

のでしょう。

しかし、二一世紀の現在においてさえも、例えば、長男の嫁であれば、跡取りとなる男の子を産むことが暗黙のうちに義務づけられているかのような、並々ならぬプレッシャーに晒されていることは容易に想像できるでしょう。そのようなプレッシャーを理由に、結婚相手には長男を選ばないという女性がいてもおかしくはありません。

今では妊娠期間中から胎児の性別告知を受けることができるようになりましたが、それが難しかった時期、義父母の期待を胸に男の子を望み続けた挙句、激痛に耐えてやっとのことで初めて産んだ赤ちゃんが女の子であった時の長男の嫁の、いわく言い難い複雑な想い。あるいは現在、出産前からすでに胎児が女の子であることが判明した場合の長男の嫁は、その後、出産までの期間、お腹の中の胎児にどのような想いを馳せるのでしょうか。▼42 やがてふたり目を授かり、今度こそ、と男の子を切望してみたものの、生まれてきた赤ちゃんがまた女の子だったという時の長男の嫁の気持ちはどんなものでしょう。

▼42　妊娠中の想像や白昼夢の中に思い描かれる胎児のことを、「想像の赤ん坊」と呼ぶことがある。母親となる女性は、この想像の赤ん坊に名前をつけて語りかけたり、赤ん坊の将来を思い描いたりする。

ここで問題なのは、男女のどちらを望むかという両親の側の期待も、子どもが自分の性別をどのように受け止めるかに関して、陰に陽に影響を及ぼすことがあり得るということです。事実、同じ女性であるはずの母親から「お前が男の子だったらよかったのに……」と言われ続けて育った女の子が成長したのち、自分が女性であることになかなか自信が持てず、女性としての人生に満足できないという生きづらさを慢性的に抱えている例は少なくありません。

長男の嫁として男の子を産むことができなかったという取り返しのつかない不全感、さらには、男の子（つまり自分の夫）を産んで立派に育て上げた義母に対して顔向けできないという申し訳ない気持ち[43]などを、母親から幼い娘が言わば押し付けられ、背負わされているようなものです。

いかんせん、誕生に際しては誰ひとりとして自分の性別を選べないわけですから、同じ女性であるはずの母親から、自分が女性であることを否定され、受け入れてもらえないというあまりにも一方的な理不尽さは、その後のメンタルヘルスに影響を及ぼさないはずはありません[44]。

▼43
自己の言動や思考、空想などに対して、それがよくないものであるとの評価から、自分を責めたり、悔んだり、償いたくなったりする否定的感情を「罪悪感」と総称する。

▼44
性同一性障害や性機能不全の遠因として看過することのできない環境側の問題である。

逆に、一般的には女の子の方が育てやすいと言われることがあるようですので、育てやすさを期待して女の子を望んでいた妊婦が男の子を出産し、やがて子育てに手を焼くようになり、「お前が女の子だったらどれだけ楽だったか……」と言われて育つ男の子もいることでしょう。

ことほどさように、第二次性徴の発現をどのように迎え、どのように体験するかの前段階として、先に述べたような発達上のいくつかの要因が想定され得るのであり、そのことを考慮に入れれば、第二次性徴の受け止め方も、各人各様、千差万別であるということが自ずと理解されることでしょう。

そこに万人向けの一般的な処方箋《せん》などはおよそあり得ないのです。巷に氾濫《はんらん》する「こうすればうまくいく！」的な安直ないわゆるハウツー本の類が、必ずしもすべての人にとってうまくいく万能薬たり得ないのは、本書の随所で強調される、人間の多様性を認め、個別性や独自性を最大限尊重するという臨床心理学的スタンスが前提とされていないからだと考えられます。

【コラム１】学校場面におけるペニス羨望の裏返し

ある小学校六年生の男の子は、学校のトイレで大便をしたことで、クラスの友だちにからかわれたと訴えました。昔も今も、学校で大便をすることは、男子にとっては難しいことのようです。それでその少年は、毎日必ず登校前に大便をするように心がけているとのことですが、それが叶わず学校で便意を催した際には、短い休み時間に、クラスの友だちに目撃されることを避けるために、自分の教室から最も遠い隣の校舎のトイレまで走って行って、大便を済ませるのだと言います。

その点で、女子の場合、トイレの構造が大小を問わず個室なので、仮に大便であっても周囲に知られる可能性は極めて低いことから、その少年は女子が羨ましいと語りました。

ペニス羨望の言わば裏返しのような心理的な状況が、学校という、家庭とは異なる場面で体験されているという事実は、子どもたちにとっての学校という場の特異性の一端を垣間見せてくれています。

2　第二次性徴をめぐって

第二次性徴の発現に際して、男女にどのような身体的変化が生じるかは常識の範疇《はんちゅう》にあり、本書では具体的には述べません。むしろ、第二次性徴をめぐって、どのような心理的な問題が起こり得るかに焦点づけたいと思います。

その前に一点だけ確認するなら、もちろん個人差は大きいわけですが、一般的に言って、第二次性徴の発現は、男子より女子の方がおよそ二年早いというのが定説です。このことは、小学校高学年では、男子よりずいぶんと身長が高い女子がいることからも想像に難くありません。

さて、第二次性徴の発現をめぐる中核的な不安や葛藤の源とは何でしょうか。男子の場合、それは内側から突き上げられるようなコントロールできない不可解な性的衝動の高まりと、社会的、対人的には道徳的、倫理的であろうとする心理的課題とがいわば矛盾を来す、体と心の食い違いそのものであり、そのことが思春期の男子を苦しめます。

それゆえ、彼らの心の中にある空想としての女性像は、性愛（エロス）[45]の対象となる、いわゆる「娼婦」性を兼ね備えた女性と、プラトニックな純愛（アガペー）[46]の対象となる「聖母」性を兼ね備えた女性とに見事なまでに二分されるのです。その二分された女性像を次第に統合していくプロセスは、第二次性徴を受け入れ、やがて

▼45・46
エロスとは、本来ギリシア神話における「愛の神」を指すが、時代の変遷の中で広義には性愛を含むようになった。
一方のアガペーは、特にキリスト教の文脈においては、神による「神聖な愛」「博愛」を意味する。本文の文脈に即して言えば、性愛的な要素を含むかどうかによって決定的に異なるものとして位置づけられる。

成熟した男女関係を生きていくための心理的な大きな課題と言えるでしょう。

一方、女子の場合はもっと深刻かもしれません。というのも、男子の場合に比べて、目に見える形での身体的な変化が極めて顕著であるからです。そうした身体的な変化が周囲からどのように見られているかに神経質なまでに敏感になるのがこの時期の女子です。このことは、この時期の女子において、鏡を見る時間がそれまでよりもずいぶんと長くなることに象徴的に見て取れます。言い換えれば、自分の容姿、すなわち体型や顔立ち、そしてそれらの美醜に過度にとらわれることが特徴的と言えるでしょう。

女性をあたかも性的な商品であるかのように喧伝しがちなメディアのあり方やアイドルの低年齢化、氾濫する女性向けファッション雑誌も、そうした女子の不安や葛藤に拍車をかけています。端的に言えば、自分が一般的な意味において「かわいいかどうか」に興味関心が集中し、クラスの友だちに比べて、あるいは、テレビに出ているアイドルのようには、自分はさほどかわいくはないのだという否定的な自己認知ができ上がってしまうと、第4章で述べる自尊感

情の低下や抑うつの問題に発展することが懸念されるのです。[▼47]

また、言うまでもなく、女子にとって思春期の到来を最も特徴づけるのが初経です。娘の初経到来を受け止め、それに対して指導し、サポートするのは母親の大きな役割ですが、母親自身が自らの女性性をどのように自分のものにしているかが、その受け止め方や指導、サポートの質を決定するという側面もあるでしょう。同じ女性の先輩として、本人の不安や動揺をしっかり受け止めてくれる母親もいれば、いずれ女性としてこれから先何十年も付き合っていかなければならないものだからと、割とドライに受け止め流す母親もいるかもしれません。

もちろん、本人の受け止め方もさまざまでしょうから、初経をめぐる本人と母親とのやりとりは、極めてデリケートなものと言わざるを得ません。昔のようにお赤飯を炊いて家族で祝うなどということはなくなり、父親をはじめとする男性家族は、娘の初経に関しては言わば蚊帳の外に置かれるのです。

いずれにせよ、思春期の女子にとって、自分がどんな女性になるか、あるいはどんな女性になりたくないかという心理的なモデルや

▼47　さらに深刻な場合は「醜形恐怖」と呼ばれる病状を呈する場合があるが、それについては第6章で詳述する。

反面教師は、最も身近に存在する母親であることに変わりはありません【→コラム2】。母親との間で葛藤を抱えている場合、「母親のようになるのが大人になることなら、大人になんかなりたくはない」という女子の成熟拒否[48]と呼ばれる事態も、思春期危機のひとつの側面です。いわゆるお転婆娘や時々見かける自分を「ボク」と呼ぶ女子も、性差の発見から第二次性徴発現にかけての比較的長い期間、自分が女性であることへの、何がしかの葛藤を抱え続けていると言えるのかもしれません。[49]

男の子と父親の関係については、第7章で触れることにします。

▼48
第6章で言及する「摂食障害」において指摘される心理的背景のひとつ。

▼49
発達途上の一過性のエピソードで終わる場合と、後年、性同一性障害へと発展する可能性を否定できない場合との両方があり得る。

【コラム2】娘と母親の関係についての断章

筆者が心理療法を担当した事例です（守秘義務の関係上、詳細は割愛するとともに、理解を歪めない範囲で事実関係を改変しています）。

本書のテーマになっている思春期の時期（一五歳時）に、不慮の事故による母親との死別を体験している独身女性が、三〇代に入ってから抑うつ状態を呈して精神科を受診しました。筆者との間で開始された心理療法は、亡くなった母親、および交際中の男性に関する話題を中心に展開していきました。

心理療法を進めていく中で、抑うつ状態に至った経緯がわかってきました。彼女が三〇歳を過ぎ、母親が亡くなった時の自分の年齢、すなわち生前の母親と一緒に過ごした一五年よりも、母親が亡くなって以降の歳月の方が長くなりつつあることで、死別後の人生の思い出の方が多くなっていくことへの葛藤や、それに伴って母親との思い出が遠い過去のものとして次第に色褪《いろあ》せてしまうのではないかという不安が、少しずつ浮き彫りになってきたのです。

同時に、互いに結婚を意識しながら、なかなかそれに踏み切れない躊躇《ちゅうちょ》についても、交際相手に全面的に依存することへの葛藤、そうすることで母親を完全に必要としなくなる自分自身に対する受け入れ難さなどが、その背景にあるものとして理解できるようになりました。

その女性は、自分の心の中では今も常に母親が生き続けていて、困った時やピンチの時にはいつも自分を守ってくれているとしみじみと語りました。つまり、結婚することによって現実的な幸せを享受し、配偶者との楽しい思い出がどんどん増えていく代わりに、心の中で生き続ける母親を心理的に失ってしまうのではないかと恐怖していたのです。不慮の事故による母親との死別に今も納得がいかず、死別前の「過去」を生き続けることで、思春期にとどまったまま前に進むことが難しくなっているのではないかとも想像されました。

その後の心理療法では、母親との死別体験をていねいに振り返り、心の痛みに触れていくプロセスが不可欠でした。

3 「他律的」な身体的変化について

自分の人生や生き方について自己決定できるようになることを意味するのが「自律」という言葉ですが、その反意語が「他律」です[50]。

思春期における身体的変化が他律的であるというのは、先に述べた通り、その変化が自分の意志とは関係なく、突如として、嫌でもやって来るものであるという意味です。「他律的」とは、言い換えれば、自分の思い通りにならないということですので、それまでは怪我や病気など一時的に不調な時以外は意識せずに済んでいた自分の身体が、支配困難な、いわば「異物」として体験されることになります。それまで親和的であったものが違和的なものに転じると、そこには心理的な意味での隔たりや溝が生じてしまい、しっくりこない、馴染めないといった違和感や不快感、さらには嫌悪感すら覚えることになるでしょう。

そして、そのような身体的変化の到来がみんな同時ではなく、早いか遅いかの個人差が大きいということも、男女を問わず不安・葛

▼50 「自立」と「自律」は混同されやすいが、一般に「自立」とは「行為遂行」を意味し、「日常生活動作（ADL＝Activities of Daily Living）」が他者の手助けなしに行える状態を指す。

藤を助長します。早ければ、仮に予備的知識があったとしても、なぜ自分だけこんなに早く、と思うでしょうし、逆に遅ければ、どうして自分には来ないのだろうとやはり不安になるでしょう。

万一、身体的変化の到来の方が早く、予備的知識の獲得が遅れた場合、それまでに経験したことのない身体面での変化は、もしかしたら自分の体はとんでもない病魔に侵されているのではないかという最悪の連想を容易にもたらすものですから、彼らの体験する不安は一入《ひとしお》です[▼51]。

また、男女とも自然に覚えるようになるマスターベーションに対する罪悪感や羞恥心も、思春期の子どもたちをひどく苦しめます。高校生くらいになれば、実は誰もが経験していることだということが次第にわかってきて、心を許せる友だち同士の間でそれとなく話題にできるようになるでしょう。

しかし、それ以前の段階では、人には決して言えない秘めやかな快感を伴うだけに、とてもいけないことをしているのではないかという、底知れぬ後ろめたさや自責の念がついて回ります。そして、その秘めやかさが思春期の孤独感をさらに強めることになるのです。

▼51　客観的にはその兆候が認められないにもかかわらず、重篤な身体疾患の可能性にとらわれ、神経質に気に病む状態を、「心気症」あるいは「心気症状」と呼ぶ。頑迷なとらわれに基づき、医療機関を転々とすることがある。

パーソナリティ障害を背景にして、訴えられる症状や病歴に虚偽性や空想性が顕著に認められる場合には「ミュンヒハウゼン症候群」と呼ばれる。また、自分の子どもなど家族を病人に仕立て上げる「代理性ミュンヒハウゼン症候群」もある。

さらに、第4章で述べるアイデンティティ確立のための準備、例えば、過去から現在、そして未来へという時間的展望の中で自分の来歴に想いをめぐらせ、そのことに自分自身の将来に対する何がしかの手応えを見出そうと模索することは、思春期における心理的発達課題の中でも極めて重要なもののひとつです。すぐに答えが見つかるものではないにせよ、その後のアイデンティティ確立に向けて、自分自身に向き合い、自分自身と対話を重ね、自分の心の中をとっくりと観察していくプロセスの出発点になることが期待されます。

それはたいへん時間のかかる、大きな揺れ動きを伴う孤独な営みでもあるのですが、そのように主体的に取り組むべき心理的発達課題の土台となるはずの自らの身体が他律的な変化に晒されているという、ある種の矛盾、あるいは辻褄の合わなさや心許《こころもと》なさ、それらに由来する不安定感は、なかなかの困難を本人に強いることになります。もし身体的な基盤が盤石なもので、その安定感の中で自分の人生を主体的に決定していく準備に一意専心できるとすれば、それは実に実り多い内省をもたらすことでしょう。

しかし、そうは簡単に行きません。心のよりどころとなるはずの身体が他律性に翻弄され、いわば時々刻々と変化する中で、主体的に自分の人生を決定していく準備をしなければならないのです。改めて考えてみれば、たいへんな発達課題だとわかります。

違和感、不快感、嫌悪感、罪悪感、羞恥心、後ろめたさ、自責の念、孤独感、そして不安定感……すべてネガティブな感情体験です。表面上は無邪気にはしゃいでいるように見えて、思春期の心の中では、実はこうしたネガティブな感情が渦巻いているのです。

ネガティブな感情を自分の心の中に置いておけるようになるには一定の心の成長が前提となりますので、それがまだ必ずしも十分とは言えない思春期においては、正確に言うなら、ネガティブな感情が渦巻いているからこそ、そこから目を背けてしまい、その反動として表向き不自然なほど無邪気にはしゃぐしか、なす術《すべ》がないのです。[52]「箸が転んでもおかしい年頃」などと言って、一見しただけでは問題とはなり得ない、むしろ明るく健康的な姿としてみなされがちですが、それはあくまでも仮初《かりそ》めの危うい一面と言わざるを得ず、きっかけ次第では、いつでもどこでも不安定に転じる可能性を孕みます。思春期危機の危機たる所以でしょう。

▼52　専門的には「躁的防衛」と呼ばれる状態。不安感や抑うつ感、罪悪感などを心の中に抱えておくことができず、それを否認することによって、それらとは正反対の万能感や勝利感といった爽快な気分に浸ろうとする心の働きである。躁病や躁うつ病とは直接には結びつかない。

4 身体不満

身体的変化の他律性に対する不快感や嫌悪感について、身体不満という観点からさらに理解を深めてみましょう。

あらゆる文化や社会には、男女ともそれぞれ理想とされる体型がありますが、世界中の多くの文化において、男性は筋肉質であること、女性は痩せていることに価値が置かれる傾向にあります。いずれも外見的な特徴に関することではありますが、あえて区別して言えば、男性は機能的側面、女性は美的側面が注目されてしまうと言っていいでしょう。

身体不満とは、そうした世間一般の価値観を背景にして、身長や体重、体型、顔貌（顔つき）、髪の毛、体毛、肌の色、ニキビなど、あらゆる側面で自分自身の身体に対して抱く不満のことで、特に思春期は、男女ともその身体不満が最も強い時期とされます。

そうした身体不満は、抑うつ▼53、摂食障害▼54、醜形恐怖▼55、痩身《そうしん》願望、危険なダイエット行動などに結びつきます。特に思春期の女子にお

▼53
この状態が慢性化、遷延《せんえん》化する場合、臨床的にはうつ病と診断される状態にまで至る可能性がある。

▼54
臨床的には、不食と過食の両側面がある。前者は「神経性無食欲症」が、後者においては「神経性大食症」が代表的である。

後者の過食の場合であっても、通常、自己誘発的な嘔吐や下剤の乱用などを伴うので、いずれも結果的には痩せていき、深刻な場合には生命維持の危機に瀕する。背景には、客観的にはど

いては、身体不満に基づく低い自己評価が特徴的であり、自尊感情の低下や抑うつの原因になります。第４章で再び触れますが、自分の容姿を重視しがちな女子ほど、その傾向は顕著です。

反面、親密な間柄の女子同士で交わされる、例えば、「私って、おデブだから……」などの「ファット・トーク▼56」は、「そんなことないわよ」「あなたにはあなたのいいところが絶対にあるはず」といった仲間からの保証を引き出し、友情や連帯を強めることが期待されます。同時に、そうしたことを口に出すことを厭わない親密な間柄の友だちの存在は、本人の自己受容を促すささやかな契機にもなることでしょう。

やがて時間が経過し、成人になったとしても、自分の身体へのコンプレックスやこだわりはそう簡単に薄れるわけではありません。それでも、少しずつ諦念が自覚されることによって、思春期ほどには自分の身体に不満を持つことはなくなるでしょう。

したがって、この文脈において大人になることとは、身体不満に基づいた自己を否定する気持ちと、自己を受容せざるを得ない気持ちとの痛ましいほどの葛藤を経たのち、意のままにならずに持て余

んなに痩せていても、自分は太っていると信じて疑わない身体イメージの歪みがある。

自己誘発的な嘔吐が習慣化している場合、その都度、胃液を逆流させることになるので、二次的に食道や口腔内の疾患を併発させる可能性が高まる。

▼55
「身体醜形障害」とも呼ばれ、自分の外見や容姿を極度に気にするあまり、外出ができなかったり、日常生活に多くの困難を生じたりする病態を指す。

表面的には、いわゆる対人恐怖や対人緊張、外出恐怖として訴えられることも少なくないが、治療が進展していく中で、そうした自らの身体的なコンプレックスが根底にあることが次第に

していた「異物」である自分の身体を、再び他ならぬ自分自身のものとして、若干の心の痛みを伴いつつも肯定的に受容し統合していこうとするプロセスと言えます。

　それがある程度まで達成されている大人は、かつて自分自身もそうした身体不満を持て余し、傷つき、深く悩んでいたという事実をすっかり忘れてしまい、得てして「そんな些細なことは気にするな」とつい不用意に言ってしまいがちです。しかし、どんなに気にするなと言われても、気になって気になって仕方がないのが思春期であることを心得ておく必要があるでしょう。

　本人にとっては、決して「些細なこと」ではないのです。気になって気になって仕方がないことを「そんなこと、気にするな」と言われれば、「どうせこの人は、私の気持ちなんかわかってはくれない」という根深い不信感を植え付けることになりかねません。

明らかになっていくことがある。

▼56　"fat talk"。自分の身体的特徴を否定的に語ること。

第4章 自分の人生の主人公になる

主人公になるには
心の準備が不可欠です。

自分の人生は自分のもの。
大人にとっては当たり前のこの事実が、
たくさんの課題を突きつけます。
なぜなら、
どうすれば自分の人生の主人公になれるのか、
誰も教えてはくれないからです。

1 アイデンティティ確立に向けた準備

アイデンティティ（identity：ID）とは、「自分は何者か」「自分の目指す道は何か」「自分の人生の目的は何か」「自分の存在意義は何か」など、自己を社会の中に位置づける問いかけに対して、納得の上で肯定的かつ確信的に答えることのできる自己意識のことを言います[▼57]【↓コラム3】。

英語で"ID card（Identity card）"と言えば身分証明書のことですし、「ＩＤとパスワードを入力してください」と言われる場合のＩＤも、アイデンティティ（identity）のＩＤであり、要するに、「あなたが、他の誰でもない、唯一無二のあなた自身であることの証し」という意味合いです。

心理学的に言えば、アイデンティティの確立は、青年期における発達課題として最も重要なものであるということに異論はないでしょう。アイデンティティを言い換えれば、社会の中で「私は○○である」ことへの自覚、確信、責任感、使命感、自尊心、満足、生

▼57 補足するなら、そうした自己の斉一性と連続性の感覚が、社会的文脈（要するに他者）の中でも認められる必要がある。

き甲斐感の総称でもあり、このアイデンティティを確立することは、一人前の大人として、自分の人生を自律的に生きていくためのひとつの大きな指標になります。

例えば、教師であれば、自分が教師であることに自覚的で、一定以上の自信を持ち続け、自尊心や責任感、使命感を抱きつつその役割を全うし、他者からの期待に応えることで、生き甲斐と満足を感じることができるでしょう。▼58 こうした職業にまつわる自己意識を、狭義には職業アイデンティティとも言います。

大学生相手の心理学の授業では、モラトリアム▼59という概念とともに、主に大学生に相当する年代の発達課題としてこのアイデンティティの確立が取り上げられるのが一般的です。しかし、ここで注意が必要なのは、アイデンティティの確立という発達課題は、大学入学と同時に突如として課されるものではないということです。

第３章における「第二次性徴発現以前の問題」の箇所でも触れたように、人間の成長や心の発達には連続性があり、その連続性の質は人それぞれ千差万別ですので、ある発達段階におけるある特定の発達課題を、それだけ切り取って論じることは現実的ではありませ

▼58
二一世紀の健康心理学の中で特に強調されるようになったのが「主観的幸福感」である。客観的な指標を網羅するだけでは本人の主観的で総合的な判断をとらえることにはならないため、あえて「主観的」という条件がつく。

▼59
周知の通り、モラトリアムとは本来は債務の支払い猶予期間を意味する経済学用語だが、心理学では青年期がそのような位置づけにあることを意味する比喩として用いられる。アイデンティティの確立が不十分で、心理的、社会的には必ずしも一人前とは言えない段階においては、大人としての義務や責任がある

ん。つまり、「アイデンティティの確立は大学生にとっての発達課題である」と言っても、大学入学以前からその準備は着実に行われているはずですし、そうであることが理想的です。大学進学に際して、ある特定の専門職を養成する学部や学科を選ぶことができる人にとっては、その時点での将来の方向性がとりあえずはほぼ定まっていると言えます。

アイデンティティ確立に向けた準備については、次の二側面から理解されるべきです。すなわち、対概念である「社会化」と「個性化」です。

まずアイデンティティの「社会化」とは、個人が社会や集団、組織におけるひとりのメンバーとして、周囲にいる相手との相互作用を通して、言語や知識、常識、規範、価値観、モラル、スキル、習慣、マナーなどを習得し、内在化▼60していく過程を指します。そうした諸々の総称として「社会性」と呼ぶこともあります。

社会や集団と言うと、何やら大げさに聞こえますが、心理学ではふたり以上の人間がいれば、それを集団と呼びます。つまり、「私」以外に、相手である「あなた」がひとりいれば、それはもはや集団

程度猶予されることを言う。

▼60
「内在化」とは、「取り入れ」とほぼ同義だが、当初は外部にあるもの（ここでの文脈で言えば、規範や価値観が典型例）を自分の中に取り入れ、それに従った行動様式をとれるようになることを言い、子どもにおける社会化の根幹となる。

内在化の最もわかりやすい例として、おままごと遊びをする子どもたちを観察すると、その子の親の普段の言動が手に取るようにわかることがある。それは、親の言動がその子の中で取り入れられ、内在化されていると理解できる。

なのです。また、心理学で社会と言えば、それは世間や世の中という意味ではなく、簡潔に述べるなら、集団の中で発生する「私」と「あなた」の人間関係を意味するのが一般的です▼61。

「社会化」の基礎となるものは、家庭における親との関係の中で培われていくものですが、発達とともに行動範囲が広がり、家庭から幼稚園、学校、地域、職場へと、社会化のプロセスはそれが適用される範囲を広げていきます。文化や国家まで想定するなら、県民性や国民性といった文化差を前提にする「文化化▼62」という概念もあります。

他方、アイデンティティの「個性化」は、個人が社会化していくプロセスの中で、それぞれが独自のあり方や個性を形成、実現していくプロセスです。いったん他人（社会）の中に見失った自分自身を、試行錯誤の末、再構築していくプロセスと言ってもいいでしょう。それが徹底されれば、欧米型のいわゆる個人主義に辿り着きます。一神教のキリスト教では、唯一絶対の神と真摯《しんし》に対峙するためには、徹頭徹尾、唯一無二の個人であり続ける必要があると考えられるからです。この点に関しては、後の第7章で再び取り上げます。

▼61
その場合に特に注目されるのは、「対人認知」や「対人行動」「対人魅力」などであり、社会心理学における重要な研究領域である。
また、広義の社会と見なす際には、マクロ社会心理学と呼ばれ、流行や流言、消費・購買行動、インターネット行動などが研究対象となる。

▼62
属する文化の中で、世代を超えて受け継がれてきた特有の行動様式や価値観、信念、習慣などを獲得していくこと、あるいはその過程を「文化化」という。

いずれにしても、この対概念である「社会化」と「個性化」という、ベクトルの方向性が全く異なるふたつのプロセスの個人内でのバランスのあり方が、その個人のトータルなアイデンティティ、すなわち、その人の生き方や個性にダイレクトに反映されることは強調されてもいいでしょう。「和を以て貴しとなす」▼63を美徳とする日本人の多くは、どちらかと言えば、「個性化」よりは、「社会化」の方に重きを置くのかもしれません。「イエスマン」はその究極の姿でしょうか。他方、先に述べた欧米型の個人主義を突き詰めるなら、「孤高の人」ができ上がることでしょう。

発達途上の思春期に注目すると、主に学校のクラスにおける仲間集団との関係の中で「社会化」が進むとともに、時に喧嘩や衝突、対立、摩擦を経験しながら、人とは違う自分の個性が次第に意識されるようになっていき、それが「個性化」の嚆矢《こうし》となります。

周囲の大人が「社会化」と「個性化」のいずれの観点から思春期の子どもの発達を手助けするべきかについては、なかなか難しいところで、一概には一般化できません。なぜなら、その手助けの質は、周囲にいるその大人自身が、アイデンティティをめぐって、「社会

▼63
パーソナリティ理論のいわゆる「五因子モデル」は、外向性、調和性、誠実性、神経症傾向、開放性からなる。その中で、調和性が高いとされる特徴は、他者を信じやすく、利他的行動が多い上、自分を抑えてでも対人関係の安定を尊重するとされる。

化」と「個性化」のいずれを重視した確立の仕方を目指してきたかという、その大人自身のあり方と言わば表裏をなしているからです。

ただし、人間の多様性を認め、個別性や独自性を最大限尊重しようとする臨床心理学的スタンスに立脚するなら、あえて言えば「個性化」の方を優先することになるかもしれません。というのも、個人と個人の間だけではなく、その時その時でいろいろな気持ちになることがあり得るという、個人内に認められる多様性ですら尊重されなければならないと考えるからです。

【コラム３】血統妄想

かつて筆者が心理療法を担当したことのある重篤な血統妄想を抱えた統合失調症の男性患者は、自分は皇族のナンバー・ツーであると主張して憚《はばか》りませんでした。

妄想を語る患者に対する治療的対応は、否定も肯定もせず、中立的に傾聴することが一応の原則です。

その患者は、某国の秘密結社から命を狙われているので、皇居には替え玉を住まわせ、自らは精神科病院に身を隠し、ひっそりと蟄居《ちっきょ》しているのだと主張し続けました。命を狙われているのでひっそりと身を隠しているという事情と、誰彼となく自らそれを語り続けることとは明らかに矛盾していたように見えました。

　そうした血統妄想に基づくアイデンティティは、他者からの承認を得ることは決してありませんので、語れば語るほど必然的に孤立していきます。事実、病棟ではスタッフ以外の誰からも相手にされず孤立していました。

　心理療法における唯一の糸口は、その孤独感に光を当てることでした。その孤独感を繰り返していねいに取り上げていった結果、最終的には、そのようなこと（すなわち血統妄想）は、人前ではあまり口にしない方が得策であろうという合意に何とか辿り着くことができました。

2 自尊感情

　アイデンティティの確立を感情的な面から言わば下支えしているのが、自尊感情と呼ばれるものです。

　自尊感情とは、自己肯定感情、あるいは英語でそのままセルフ・エスティーム（self-esteem）とも言われますが、自分自身や自分が生きることを基本的に価値あるものと認めることができるという、自分自身に対する評価感情[▼64]です。広い意味では、自信や強さ、有能

▼64
　厳密に言うなら、ただ単に肯定的か否定的かという自尊感情のトータルな高低のみならず、自分の中のどのような領域や側面についての評価であるかによってもその高低が決定される。

さ、誇り、そして、そうしたものに基づく手応えや安心感、安定感、達成感、満足感などをも含みますが、もちろん、自惚れや漫心、奢《おご》り、思い上がりといったものとは明らかに異なります。

自分の人生はそれなりに生きるに値するもので、しかもそれは誰からも支配されない自分だけのものであって、その主人公は自分自身に他ならないのだという、冷静で揺るぎない自尊感情は、人生に幸福感や満足感をもたらすことが期待されます。多くの大人は、この自尊感情に基づいて、自分の力で自分自身を支えることができているのです。

ところが、思春期においては、この自尊感情は低下傾向であることが指摘されています。特に女子において、それも自分の容姿を重視したがる女子ほど、男子に比べてその傾向が顕著であるとされ、そのことは思春期女子の抑うつの問題▼65に発展しかねません。

思春期危機という、ただでさえ極めて不安定な時期にあって、これまで見てきたように、身体的な変化が他律的で自分の思い通りにはならないことに加え、心理的な動揺や不安、葛藤、さらにはどのように生きていけばいいかという確かなアイデンティティがまだ見

▼65　女性のうつ病は男性の一・五～二倍という臨床的事実に鑑みれば、思春期女子の抑うつは看過できない問題である。

通せない状態にある思春期の孤独な心が、自尊感情の低下を余儀なくされるのは、ある意味で必然的なことかもしれません。

その時、思春期の子どもを何とか支えてくれるのが、悩みや苦しみを分かち合える友だちの存在なのです。この点については、第3章のファット・トークの箇所で少し触れましたが、次章でもさらに詳細に述べることにします。

第5章
友だちとともに生きる思春期

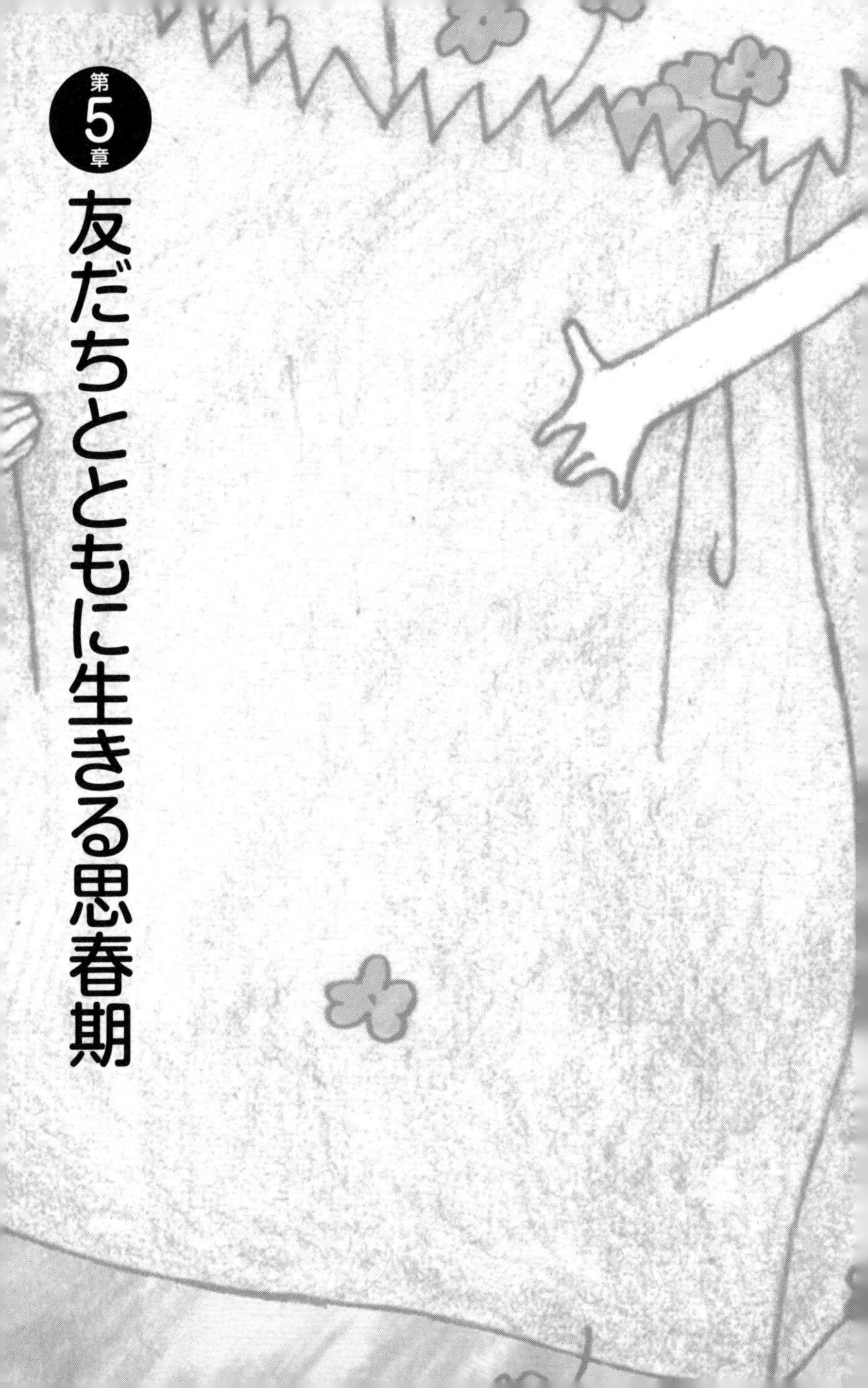

大切な話し相手に
なってくれるのが友だちです。

友だちも、
自分の人生の主人公になろうと毎日必死です。
その姿は自分自身を映す鏡かもしれません。
友だちは、
だから、大人よりも話し相手になってくれます。
それはお互いさまのことなのです。

1 友だち関係の発達的諸相

第3章、第4章の身体不満や自尊感情に関する説明の中で、思春期の子どもにとっての友だちの存在の重要性に簡単に言及してきましたが、本章では改めて詳細に考えていきたいと思います。

まず、児童期以降、発達に応じて友だち関係がどのように変化していくかを、若干図式的ではありますが確認します。もちろん、友だち関係は思春期以前から続いているわけですが、幼児期から児童期までの友だち関係は、幼稚園が同じだったり、母親同士が知り合いだったり、家が近所だったりと[▼66]、本人以外の外的要因によってでき上がっている場合がほとんどですので、その必要性や依存の程度は思春期以降とは比べようもありません。したがって、思春期前後に友だち関係の質的な側面が大きく変化することに注目する必要があります[▼67]。

また、一応、年代に応じたそれぞれの特徴を述べますが、ある年代に特徴的な側面が、次の年代においては全く見られなくなるとい

▼66
対人関係の中で相手に感じる好意や嫌悪を「対人魅力」と呼ぶことがある。

初期の段階において、その対人魅力を規定する要因として挙げられるもののひとつが「近接性と接触性」である。物理的な距離が近ければ出会う機会が増え、相手に感じる魅力が高まる可能性が大きい。このことを「単純接触効果」と呼ぶ。

誘拐や監禁など、長時間の服従を強いられる特殊な人間関係において、被害者が加害者に対して愛情や好意、共感などを抱くようになる、極めて稀な逆説

うことはほとんどなく、発達に応じて、友だち関係のあり方が言わば重層的に厚みを増していくと考えられる点に注意が必要です。さらに、それぞれの特徴が具体的に何歳頃に相当するかは、厳密に線引きすることは困難ですし、現実的でもありません。

さて、おおよそ小学校中学年から高学年までの閉鎖的な徒党集団を「ギャング・エイジ」[▼68]と呼ぶことがあります。ひと昔前の心理学の教科書では、いわゆる「ガキ大将」をリーダーにした結束力の強い同性同士の集団が、他の集団には知られることのない「秘密基地」にしばしば集まる、などと紹介されることがありました。

そうした時期は、「集団的同性愛期」と呼ばれます。心理学では、同性同士の親密な間柄を、象徴的な意味において同性愛と呼ぶことがあります。「ガキ大将」や「秘密基地」といった言葉は、いかにも昭和時代を思わせるノスタルジックな響きがありますが、今日でも、ガキ大将とは呼ばないまでも、発言力が強くリーダーシップを発揮できる子は間違いなくいるでしょう。

一方、昭和の「秘密基地」にお誂え向きだった洞窟や防空壕の跡、あるいは建築廃材が無秩序に放置されたままの空き地などは、昨今

的な心理状態は、「ストックホルム症候群」として報告されている。一九七三年にスウェーデンのストックホルムで起こった銀行強盗人質立てこもり事件に基づく。

▼67
友だち関係の変遷は、第4章で述べたアイデンティティ確立における「社会化」の延長、すなわち「社会性の発達」の中で位置づけられる側面でもある。

▼68
結束力と凝集性、排他性の強い集団の中で、本人にとって心のよりどころとなると同時に、「社会性」が獲得されていくことが期待されるが、近年ではそうした集団が形成されにくい状

では安全管理上、姿を消してしまいました。

しかし、モバイルゲーム機の中の仮想空間やカードゲームにおけるバトルのフィールドは、昭和の「秘密基地」と同様、親密な関係の友だち同士で共有されていることでしょう。ただし、子どもの多様化や家庭生活の多様化によって、その集団の結束力や凝集性は昔ほど強固なものではなくなっているかもしれません。平成時代の子どもたちは、塾通いや習い事でたいへん忙しそうです。

やがて思春期の到来とともに、第4章で述べた通り、自分自身に注意が向かい、多かれ少なかれ内省的になっていくと、集団的同性愛期のように複数の友だちと徒党を組むことが少なくなっていきます。その代わりとして、「個人的同性愛期」と呼ばれるように、特定の限られた相手との親密な関係に依存、傾倒していきます。

その場合の、同性同年輩との親密で第三者の介在を許さない排他的、閉鎖的親友関係を「チャムシップ」▼69と呼びます。相手の喜びや満足が自分の喜びや満足と同じくらいの重要性を持つと同時に、相手の哀しみや心の痛みに深く共感することができるようにもなります。

況が指摘されている。

「凝集性」とは、その集団にとどまり、属し続けようという気にさせる力のことで、個々のメンバーに対する信頼や魅力がベースとなる。

▼69

それまでは一緒に遊ぶ間柄だった友だち関係において、性格傾向や興味関心、価値観などお互いの共通点や類似点を基盤に親密な関係を作ることで、心の交流が可能になる。その当事者同士にしか通じない暗号や符丁などを用いることで結束を強めると同時に、それ以外の者との境界を際立たせていく。

そうした関係の中で、「利他性」[70]が育まれていき、やがて相互扶助やボランティア精神、さらには郷土愛、人類愛へと進化（深化）を遂げていく端緒となります。中学校における部活動の仲間が典型的と言っていいでしょう。

次に、過渡期を挟んでいよいよ異性への興味関心が前景化します。ただし先に述べたように、前段階で特徴的であった同性同年輩との親密な関係が薄れてしまうことはなく、友だち関係が多層化、重層化していきます。

この時期の開始は、心理学の古い教科書では高校生くらいとされていましたが、現在では開始時期はもっと早いと言えるでしょう。ただ、初期の段階では、特定の異性に淡い恋愛感情を抱くことはあっても、成熟した大人の男女関係からはまだほど遠いと言わざるを得ません。総じて、まだまだ漠然とした異性への興味関心に留まり、例えば、体育祭や文化祭、合唱コンクール、クラスマッチなど、各種学校行事に際して、男女双方による互いの理解と協力のもと、学級集団として団結し、達成を目指そうとします。[71]

この時期を、「集団的異性愛期」と呼ぶことがあります。昔の教

▼70
他者の利益や幸福に、自分のそれらよりも優先して自ら貢献しようとする態度。利己性と対になる概念で、「愛他性」とも言う。

▼71
社会心理学の領域では、「集団意思決定」や「集団問題解決」と呼ばれる研究テーマがある。投票や多数決による決定の仕方とは異なり、個々のメンバーの知識や意見、判断、好みなどに基づいて、メンバー間の直接的な相互作用が認められる。その際に、集団内では、成員の考え方や行動パターンからの著しい逸脱を許さない「斉一性圧力（集団圧力）」が働く場合があり、それによって、成員が共

科書には「グループ交際」などという言葉が載っていますが、今や死語でしょうか。

そして、最終的には「個人的異性愛期」と呼ばれる、特定の異性との関係を育む時期に辿り着きます。ただ、ここに至っても、言わばプラトニックで禁欲的な関係にとどまる時期と、やがて性愛を伴う成熟した男女の関係に進展する時期の二段階があるようです。

こうした発達的諸相の変遷を見る上で強調されるべきは、まずは同性同士の親密な関係性を経験したのち、そのあと異性との関係性に入っていくという順番であり、決してその逆ではないという点です。

同性同年輩によるチャムシップは、第二次性徴をはじめとする思春期の危機的体験をしっかりと共有し、互いを支え合うために是非とも必要な経験です。そうしたチャムシップという親密な関係性の経験には、児童期以降に少しずつ形作られてきた、ある意味で独善的な自分自身のイメージや理想像が、社会性を帯びていくプロセスの中で、現実的で適応的な修正を少しずつ加えられるという、発達促進的な側面があります。▼72

有する行動様式や思考様式(「集団規範」と呼ばれる)ができ上がる。

また、そうした斉一性圧力や集団規範によって、個人の意見や行動、判断が集団の期待に沿うものに変化することを「同調」と言う。

一方、集団でひとつの課題に取り組む際、他者が存在することに半ば無意識に依存することで相互に責任感が分散し、個人の作業量やパフォーマンスが低下する現象が認められる。そのことを「社会的手抜き」、あるいは「社会的怠惰」と呼ぶが、意図的な怠慢とは区別される。

▼72

対人魅力の規定因である「近接性と接触性」は、やがて相互

異性との関係は、そのあとであり、前ではありません。自己イメージや理想像が未熟なままいきなり異性関係に入ろうとすると、思春期における孤独感からの逃避として、性愛が関係を切り結ぶ手段になってしまい、特に女子の場合はたいへん危険と言わざるを得ません。精神的な発達をまだ十分に遂げているとは言えない、性的に早熟な女子が、さまざまな形でターゲットにされてしまう例は、枚挙に暇がありません。第2章の発達加速現象の説明の中で触れた、身体的発達と精神的発達の時差には、このような形の落とし穴があるのです▼73 【↓コラム４・５】。

作用が進展し関係性が深まると、その重要性が相対的に低くなる。それに代わるものとして挙げられるのが、例えば、似た者同士が惹かれ合う「類似性」や、自分にないものを持っている相手に惹かれる「相補性」などがある。

▼73　いわゆる援助交際や性非行がこの場合の典型例。

【コラム４】身体的発達と精神的発達の時差

身体的発達と精神的発達の時差による落とし穴には、いわゆる援助交際や性非行、性的乱脈のように、性愛（だけ）をいわば「売り物」にして人間関係に参入しようとする、女子の短絡的な行動が含まれます。男子の性非行は性衝動に基づくという意味で比較的見えやすいのですが、女子の場合、一概にはそうとも言い切れない面があり、望まない妊娠のリスクを考慮するなら、より深刻と言わざるを得ません。

遊ぶ金欲しさという動機が明確な場合は売春に他ならないわけですが、「合意に基づいている」「誰にも迷惑をかけていない」などと開き直る場合さえあり得ますし、そこに薬物が介在するようになると、もはや取り返しがつかなくなります。自分の体を大切にできない、あるいは大切にしようとしない自尊感情の低さが根底にあるのかもしれません。

しかしながら、彼女たちが本当に求めているものは、短絡的な行動による即時的、即物的な満足ではなく、これまで述べてきたような思春期特有のネガティブな情緒、すなわち寂しさ、虚しさ、孤独感、不安定感、無力感などを、まずは理解され、しっかり受け止めてもらうことのはずです。同性同年輩の友だちや家族に「寂しい」と言えること、逆に言うなら、それを言える話し相手が存在することが大切なのです。語源を遡るまでもなく、「話す」は「放す」ですから、手放したものを相手にしっかりと受けとめてもらわなければなりません。

したがって、必要なのは、男性との間で性愛を媒介にした身体レベルの満足で寂しさを紛らすことではなく、象徴的に言うなら、母親にしっかりと抱っこされることなのでしょう。

＊

【コラム5】子ども会活動における不祥事

いわゆる校区の子ども会活動におけるさまざまな事故やトラブルが後を絶ちませんが、筆者がかつて仄聞《そくぶん》したエピソードをご紹介します。

夏休みに行われたソフトボール大会の「打ち上げ」と称して、二学期目前の週末、大会に参加した子どもとその保護者によって、繁華街の居酒屋で夕食会が開かれました。会場に居酒屋が選ばれたこと自体に、大人の欲望に子どもを巻き込んでいる、あるいは、そのために子ども会を利用しているというニュアンスが読み取れます。そして二次会では、カラオケやゲームセンターなどがひしめく複合娯楽施設に場所を移して、あろうことか、最終的な帰宅は深夜一二時を過ぎていました。

その事実に驚いた同じ地区に住む別の保護者は、ソフトボール大会の責任者に苦情を申し入れました。携帯電話を持たせることがそうであるように、発達途上の子どもに対して、どの段階で、どの程度の文化的、娯楽的刺激を与えるかは、各家庭によって基準がさまざまに異なることは確かでしょう。しかしながら、たとえ保護者同伴であっても、子ども会活動の延長として、子どもに夜遊びを教えるなどという顛末《てんまつ》は、それが子ども会活動の延長であるがゆえに、言語道断です。

実際、多くの都道府県の条例は、たとえ保護者同伴でも、一八歳未満の青少年が二三時以降に映画館などの遊興施設に立ち入ることを禁じています。

週末深夜の複合娯楽施設など、どんな人間が出入りしているかわかりません。薬物の密売さえ行われているかもしれないところへ幼い小学生を連れていくなど、ほとんど暴力に等しい蛮行です。

苦情を申し入れた保護者に対して、責任者からの謝罪や釈明は一切なかったとのことです。謝罪がない限り、道義的責任は永遠に消えることはありません。

非常識や理不尽、不条理といったものに対する人の怒りや哀しみ、傷つきなどに想いをめぐらすことのできない責任者は、責任者とは呼べません。

2 ニュー・オブジェクト

チャムシップは同性同年輩の友だちとの親密な関係を指しますが、少し年上の同性で、無意識のうちに模倣の対象となるような理想的な人物のことを「ニュー・オブジェクト（new object）」と呼びます。

思春期においては、親や教師はしばしば反発の対象になりかねず、思春期の子どものニュー・オブジェクトにはなれません。ニュー・オブジェクトが「ニュー」であるのは、それまで身近な権威ある存在として、言わば「君臨」していた親や教師とは異なる新しい存在という意味合いがあるからです。

親ほどには歳の離れていない親戚のおじさんやおばさん、歳上のいとこ、近所に住んでいる知り合いの大学生、あるいは同じ中学を卒業したOBやOGなどが典型的な例と言えるでしょう。

ただ、教師の中には例外的な存在があることも考えられます。比較的年齢の近い同性の教師が、子どもたちから、思春期ならではの無垢な憧憬を伴ってまっすぐに恭《うやうや》しく見上げられる場合もきっとあることでしょう。

いずれにしても、ニュー・オブジェクトとは、悩みごとを相談したり、親や教師に対する不満を聞いてもらったりすることで、思春期の成長を支えてくれる人生の先輩のような存在です。[74] 親や教師の言うことと同じ内容のことであっても、ニュー・オブジェクトから言われれば素直に聞き入れられるということは容易に想像できます。

アニメ番組『サザエさん』のカツオにとってのノリスケおじさんやお隣の甚六さんと言えば、わかりやすいでしょうか。特にノリスケおじさんのちゃっかりしたお調子者的キャラクターは、明らかにカツオにとってのお手本になっていると思われます。

地域社会[75]の中でそうした対象と出会えるかどうかは、地域の中での孤立化や無縁化が懸念され、少子化や晩婚化、非婚化の影響から いとこが少なくなっている現在、特に重要なポイントかもしれません。

近年、大学生のボランティアなどが地元の高校に出向き、高校生に向けて性教育などを積極的に行うピア・エデュケーションが注目されるようになってきました。「ピア（peer）」とは、仲間や同僚、

▼74
我が子とニュー・オブジェクトとの出会いを認め、交流を見守ることのできる親とそうでない親とがいる。後者は、ともすれば我が子を第三者に「盗られた」と感じ、「よからぬことを吹き込まれ、洗脳されるのでは」といった不安が前景化してしまうので、庇護と支配がはき違えられ、結果的に子どもの自立を阻むことになりかねない。

▼75
一般に、地域社会や共同体における共生や協働にまつわる諸問題を扱う領域が「コミュニティ心理学」である。

精神保健に関する予防システムの構築やそのための社会資源の活用、専門家によるコンサル

同輩といった意味です。

同じ内容であっても、親や教師よりはるかに年齢が近い大学生から教わる方が親近感や説得力が高まることが期待できるのですが、このことも、「ニュー・オブジェクト」効果の重要な一面と理解できるでしょう。

3 「協調性」教育の負の側面

小中学校の先生方にとっては、聞き捨てならない見出しかもしれません。

第4章のアイデンティティの項でも触れた通り、社会化と個性化のバランスがその人のトータルな個性や生き方を決定しており、そのあり様は各人各様、十人十色なわけですが、常識的に考えるなら、何らかの組織の一員として社会生活を送る上で、一定以上の協調性はどうしても必要となる資質です。ここで言う協調性とは、言うまでもなく既述の社会化という概念に準じた資質のことです。

特に、個性豊かな子どもたちを規律ある学級集団として整然と束

テーションや危機介入などによって、個人の「生活の質」(QOL＝Quality Of Life)の向上が目指されると同時に、環境に働きかけることを通して、地域社会の活性化や社会環境の変革が目論まれてもいる。

ねていかなければならない学校の先生方にとっては、協調性を強調しなければならない場合も少なくないでしょう。現代風に言い換えれば、協調性とは、集団の中において、いわゆる「場の空気を読む」スキルと言っても過言ではありません。逆に言うと、場の空気を読めないとされる人が、協調性に欠けるとの烙印を押されがちなわけです。

ところが、いわゆる発達障害[76]に言及するまでもなく、当然のことながら協調性と呼ばれるものにも個人差がありますので、毎日の学校生活の中で、結果的に協調性に欠けると評価せざるを得ない子どもも間違いなく存在することでしょう。そのような子どもに対して、他の子どもたちの前で「もっと協調性を」と先生方が指導すると、子どもたち同士の中でも「あいつはＫＹなヤツだから」との評価が固定化して、それがいじめ関係を正当化する口実になってしまう恐れがあります。

反面、いわゆる「ぼっち」[77]とみなされることを何よりも恐れる思春期の子どもは、たとえいじめ関係の中であっても、そこに自分の居場所が見出せるのであれば、その関係性の中にとどまることを選

▼76

乳幼児期から思春期にかけて、脳の機能障害が原因とされる発達上の遅れや偏りが次第に明らかとなり、日常生活や社会生活におけるさまざまな困難が持続する状態を総称して「発達障害」と呼ぶ。

なお、地方自治体などによっては、漢字の「害」を使わない「障がい」や、あるいは「障碍」という表記を用いる傾向が、次第に一般的になりつつあるようだが、それは、「害」という漢字が「公害」「害虫」「害毒」などを連想させるものであり、人間に対して用いることは極めて不適切であろうという発想に基づく。

現時点において、我が国の法律の文言では「障害」が使われ

ばざるを得ません。

激しい暴力を伴わない、いわゆる「いじり」と呼ばれるコミュニケーション系のいじめ▼78においては、似た者同士の集団の中で、被害と加害の関係がしばしば逆転、あるいは流動化しがちなことは周知の通りで、傍目《はため》にはただじゃれ合っているようにしか見えないことも珍しくありません。

深刻ないじめが時機を逸して発覚した際、学校関係者がメディアに向けて「いじめには気がつかなかった」と弁明することがありますが、それは、誤解を恐れずに言えば、責任逃れのための逃げ口上などではなく、本当に気がつかなかったという場合もあるのだと思います。

なぜなら、いじめられていることを教師に訴えることで、学校という閉鎖空間の中で自分の居場所を失ってしまい、ぼっちと呼ばれる、誰からも相手にされることのない存在に成り下がってしまうことを彼らは心底恐れているからです。そうであるなら、いじめられている方がまだマシという苦渋の選択は倒錯的▼79とも言えますが、居場所を失うまいとする思春期の子どもの、まさに命懸けの姿と考え

ていることから、本書ではそれを踏襲した。

▼77
独りぼっちの略称。

▼78
必ずしも学術的な裏づけが十分な分類とは言い切れないが、激しい暴力を伴う場合を「身体系のいじめ」と呼び、暴力を伴わない「いじり」や悪口、からかい、ひやかし、シカト、デマなどによって攻撃するいじめが「コミュニケーション系のいじめ」と呼ばれることがある。「いじられキャラ」という言葉も定着しつつある。

▼79
心理学や精神分析学での「倒

るべきでしょう。

そこに「偽りの協調性」を読み取ることは残酷でしょうか。いつも一緒にいる関係の相手を「イツメン」▼80と呼び、とりあえずそのイツメンが存在することで、ぼっちになってしまうことを辛うじて回避できています。

しかし裏返して言えば、いつの間にか暗黙のうちに背負わされてしまったいわゆる「キャラ」▼81をとりあえず器用に忠実に演じ、イツメンとわいわい楽しく過ごしているようでいて、それがただ単にぼっちにならないためのぎりぎりの綱渡りなのだとすれば、彼らがそうした関係性を生きることから本当の満足を得ているとは思えません。学校生活の中でそのようなキャラを演じ続けることのストレスや心理的な負担感が臨界点を超えた時に生じるのが「キャラ疲れ」と呼ばれるものであり、それによる不登校も少なくないのです。

そこに見えていたはずの協調性は、協調性とは似て非なるものと言わざるを得ず、したがって、「もっと協調性を」という短絡的で浅薄なスローガンは、「偽りの協調性」を助長してしまう諸刃の剣になりかねません。

錯」とは、性的行動における質的異常を意味する「性的倒錯」を指す場合が一般的である。字義的には、本来の位置関係が逆転している状態が「倒錯」である。ここではもちろん性的なニュアンスはなく、もっと一般的な意味として、本来であれば、いじめ関係に留まることを望むわけではないにも関わらず、そこに留まらざるを得ない状況を説明するために用いた。

▼80
いつものメンバーの略称。

▼81
言うまでもなくキャラクターの略語。心理学で「キャラクター」と言えば「人格」と訳される場合

思春期以降は、親や教師には心配をかけたくないという子どもなりの涙ぐましい配慮が働くようにもなりますので、いじめ関係はもちろんのこと、学校生活の中で困っていることや悩んでいることを諸々、逐一、大人に相談することは少なくなるでしょう。大人に相談すれば、自らの自尊感情を傷つけてしまうことになるので、とても相談なんかできないという複雑な心情もあるかもしれません。

折に触れて「困ったことがあれば何でも相談しなさい」と伝えた上で、もし何も言って来なければ、この子には困っていることは何もないはずだと判断してしまうのは早合点というもので、そのあまりのデリカシーのなさは、酷薄でさえあります。

苦しいことを苦しいと言えない苦しさ、苦しいことにひたすら耐えなければならない苦しさ、耐えていることをひたすら隠しておかなければならない苦しさなども理解されるべきです。したがって、そのような意味においても、思春期の心を支える存在として、心を許せる友だちやニュー・オブジェクトの意義は極めて大きいと言えるでしょう。

そうした文脈に限って言えば、もはや親や教師の出番は、そう多

がある。また、類似の概念に「パーソナリティ」があり、通常、「性格」と訳される。

ただし、「キャラクター」と「パーソナリティ」とでは、前者が「彫り刻む」、後者が「仮面」といった語源的な違いはあるが、概念上の厳密な区別が困難であるため、同じ意味として用いられることが多い。また、日本語の「人格」は道徳的なニュアンスを伴うため、「性格」という訳語が好まれやすい。

くはないのかもしれません。ただし、出番が多くなくなることは、突き放していいということを意味するわけではなく、見守り続けようとする大人の姿勢は依然として欠かせません。大人が直接的に手を差し伸べる機会は減るかもしれませんが、子どもたちが安全に悩み続け、頼るべき相手に安心して頼れるようになるために、しかも助けを求める相手を間違えさせないために、それにふさわしい環境を整えることにはまだまだ工夫の余地があります【↓コラム6】。

【コラム6】いわゆる「友だち親子」の危うさ

学術的な裏づけは十分ではないものの、マスコミレベルでは、昨今、特に母親と娘の関係について、「友だち親子」や「一卵性親子」といった言葉で呼ばれる親密な親子関係が報告されるようになりました。双方の自立と自律に基づいた一対一の対等な間柄として親密になるのは健全と言えましょうが、子どもが思春期の場合は、そうとばかりも言えない危うさを孕んでいます。なぜなら、何度も繰り返すように、思春期の子どもには、身体的発達と精神的発達の時差があるからです。つまり、何が自分にふさわしい成熟のあり方なのかを自分で考えることがまだできていない段階で、あるいはそのことにまだ十分な時間を費やしていない段階で、母親の基準だけに基づく上辺の早熟を煽《あお》られてしまうからです。

最もわかりやすい極端な例としては、母親と娘のペアルックや、夏休み限定のパーマや茶髪、化粧、露出の多い服装などが許容されることが挙げられます。子どもは誰しも早く大人になりたいと願うものですから、同性である母親から仮初《かりそめ》の早熟を容認され、そのあり方を具体的に提案されれば、たいていの子どもは、自分らしさや自分の個性を考慮する時間を与えられないまま、それに靡《なび》いてしまいます。

娘から「ママって、かわいい！」などと仰ぎ見られ、手本として必要とされることによってしか安定した自己認知や自己肯定感を得られない関係であるなら、依存されることに依存している「共依存」と呼ばれる病理的な関係性と言わざるを得ません。

母親が思春期の娘に対してそのように早熟を煽る心理には、自分自身がかつて思春期の頃に、背伸びをすることを両親から厳しく禁じられてきたことへの反動があるのかもしれません。背伸びをしたい娘の気持ちは誰よりも自分がいちばんわかっていると勘違いしているとすれば、我が子への優しさや寛容さという名の「支配」が正当化されてしまいます。そのようなはき違いは、躾《しつけ》や教育という名の下で、虐待や体罰が正当化されるのと全く同じ構図です。

それは一体、誰にとっての満足なのか、立ち止まってじっくり考えてみる必要があります。

第6章 生まれたての自我の危機《クライシス》

楽しいことばかりが
思春期ではないのです。

よく言われる、
「箸が転んでもおかしい年頃」の思春期女子を見て、
何がそんなにおかしいのか、
大人はなかなか理解できません。
それは、ただ単におかしくて
笑っているわけではないからです。

1 思春期妄想症と呼ばれる心のトラブルについて

思春期危機における具体的なトラブルや問題とされる種々の行動は、不登校をはじめ家庭内暴力、非行、引きこもり、摂食障害など、多岐にわたることは言うまでもありません。その個別の問題について簡単に一般化して述べることはあまりに乱暴ですし、詳細に論じることも、紙幅の関係上、ここでは割愛せざるを得ません。

　ただ、本書ではひとつだけ、これまで述べてきたことの延長線上のテーマとして位置づけられる、対人関係場面に端を発する不安・恐怖▼82や疑心暗鬼に基づいた思春期妄想症に絞って言及することにします。その理由は以下の通りです。

　何度も繰り返し述べているように、思春期における身体的変化が他律的であること、つまり自分自身の体でありながら自分の思い通りにはならないというのは、極めて不本意で心許《こころもと》ない心境に彼らを追い詰めます。それに付随して生じる身体不満、さらに自分自身が何者であり、何を目指してどのように生きようとしているのかが

▼82 漠然とした危険や安心できない事態を予測することによる不快な気分状態を「不安」と呼び、具体的な対象が明確な場合を「恐怖」と呼んで区別することがある。その場合、不安はあくまで予測に基づく認知媒介型の情動であるのに対して、恐怖は特定の脅威に直面した際の刺激誘発型の情動反応とされる。

なかなか見通せないという未確立なアイデンティティ、それらの結果として総じて低下しがちな自尊感情などが、輻輳《ふくそう》的に折り重なって、思春期の心に追い打ちをかけます。

　そうした中にあって、大人になるという発達課題を少しずつ達成していかなければならない子どもにとっては、当然のことながら、自分自身に意識が向かわざるを得ないことは容易に理解できます▼83。そのことは、既に述べた通り、特に女子において鏡を見る時間が長くなることに象徴的に見て取れます。「自分自身に意識が向く」ことは、「他者の目が気になる」ことと表裏一体であることは言うまでもありません▼84。

　日常生活における日々の対人関係場面では他者の目に晒されること自体が大きなストレスになり得ますので、そこに端を発する不安・恐怖や疑心暗鬼は、先に述べた思春期におけるさまざまな心理的トラブルに通底する、ひとつの大きな根源的な原因として想定できるであろうと考えられます。思春期妄想症に注目するのはそのような理由によります。

　ここで、ストレスとレジリエンスについて確認しておきます。

▼83
　意識の対象が自分自身に向かうことの総称を「自己意識」と呼ぶ。類似した概念に「自覚状態」「自己注意」「自己覚知」などがある。また、自己の内面的な側面（感情、価値観、意思決定など）に注意が向く私的自己意識と、外面的な側面（容姿、言動など）に焦点づけられた公的自己意識とに分ける場合もある。

▼84
　万一、心のエネルギーが自分自身だけに注がれる一方で、他者の存在が全く気にならないという状態であるとすれば、統合失調症などのもっと重篤な精神障害を想定せざるを得ない。
　つまり、心のエネルギー（い

「ストレス（stress）」を英和辞典で引いてみると「圧力」や「圧迫」という意味があることからわかる通り、この言葉は本来は物理学用語です。一方の「レジリエンス（resilience）」には「はね返り」や「弾力」「弾性」といった意味があり、やはりもともとは物理学の用語です。

スポンジを指で押して離すと、押されたところがゆっくりと戻っていき、最終的には指で押す前の元の形になります。その際の指で押すことがストレスであり（厳密には、その指がストレッサーと呼ばれるもの）、やがて元の形に戻る力をレジリエンスと呼ぶわけです。意訳するなら、さしずめ「復元力」となりましょうか。

この定義が比喩的に援用され、心理学用語としてもストレスとレジリエンスが存在します。もっとも、「ストレス」は既に日常語として人口に膾炙《かいしゃ》しており、小学生ですら「ストレスが貯まる」「ストレス解消」などと言います。

一方、「レジリエンス」の方は心理学では比較的新しい概念で、手元にある『心理学辞典』（有斐閣、一九九九年）には、見出し語としてのレジリエンスは見当たりません。おおよその意味は、どんな

わゆるリビドー）が外界から撤収し、自分自身だけに向かうことで、自分自身の中にいわば閉じこもってしまう。その結果、他者との関係性や外界への適応にエネルギーが向かわなくなると同時に、閉じこもった状態の中で幻覚・妄想といった特徴的な症状が形成されることになる。

以上は、精神分析学の統合失調症に対する古典的な理解をあえて簡潔に述べたものだが、言うまでもなく、統合失調症における精神病理学や症状形成論には諸説あり、時代や文化を超えて発病率一％弱というこの疾患の深遠さを思わせる。

にストレスに満ちた状況においても、精神的健康を維持し、適応的な行動がとれるようになる過程やそれを可能にする潜在的な能力のことで、昨今、心理学や精神医学で注目されるようになってきました。

医学的な言葉を借りれば、自然治癒力や疾病抵抗力とほぼ同義で、当然のことながら個人差が大きいものです。現代社会を生きる私たちは、予測困難な事件や事故、自然災害などの可能性に常に晒されているわけですが、同様の出来事を体験していても、深刻な心理的不適応を呈する人と、ダメージを受けつつも比較的回復の早い人がいることは、このレジリエンスの個人差によって説明されることがあります。

さて、本題に戻ります。

自分自身に意識や注意が向かい、その結果として他者の目が嫌でも気になる時、体験される具体的な不安は、「自分は人からどう見られているのか」「変に思われているのではないか」「周囲の人に不快感を与えて迷惑をかけているのではないか」、そして、その結果として「実は嫌われているのではないか」「陰で悪口を言われているのではないか」「明日になればクラス中に悪い噂が広まっているのではないか」といった、いわば不安・恐怖や疑心暗鬼の底なし沼のような状態です。

私たち健常とされる大人の場合も、決して例外ではありません。例えば、電子メールを送った相手からなかなか返事が来なかったり、乗りかかった船であるはずなのに「こちらから連絡します」と言われたきり、待てど暮らせど事態が一向に進展しなかったりすると、やはり同様の疑心暗鬼にスイッチが入ることがあるでしょう。「もしかしたら何か気に障《さわ》ることを書いてしまったのではないか」「だから無視され放置されているのではないか」「私のことなど実は必要とされていないのではないか」「表向きニコニコ繕《つくろ》っているけど、内心では鬱陶《うっとう》しがっているだけなのではないか」といった不安に次々と苛まれます。

ふと心をよぎるこうした微かな疑心暗鬼は、誰もが忙しい毎日の生活の中では日常茶飯事とも言えますが、真相が見えてこない曖昧な状況が延々と続けば、やがてメンタルヘルスに悪影響を及ぼすことは明らかです。[▼85]

▼85
曖昧なものを曖昧なまま心の中に浮かべておいたり、横に置いておけたりする許容度（曖昧さへの耐性）には個人差がある。その耐性が低い人ほど、被害感に彩られた不安や非現実的な万能感を抱きやすい。

そのような場合、健常とされる私たち大人は、さらに鬱陶しがられる可能性を半ば覚悟の上で、勇気を振り絞ってあえて再びこちらから発信し、途切れかけたかに見える関係性を修復すべく、それを確認してみるという手段を持ち合わせているのが普通です。すると、ほとんどの場合、多忙な相手がただ単にしばらく出張中だったり、些細なミスややむを得ない行き違いがあったりしただけで、嫌われ、避けられているのではないかという不安や疑心暗鬼は、滑稽《こっけい》なほどの杞憂《きゆう》であったことがはっきりとわかります。そして、そのことに心底安堵するとともに、またひとつ人間関係を学べたことを喜ぶのです。

ところが、思春期の子どもの場合には、そうした社会的スキル[▼86]が十分ではありませんし、曖昧なものをあえて確認してはっきりさせようとするための、勇気も果断さも図々しさも持ち合わせてはいません。そのため、時間の経過とともに増幅されていく二重三重の不安と疑心暗鬼によって次第に身動きが取れなくなり、名状し難い疎外感と孤独感に押しつぶされそうになります。

白黒はっきりしない曖昧な状況がいつまでも続くと、その曖昧さ

▼86
「ソーシャル・スキル」とも言う。対人場面において円滑に反応するための効果的な対人行動の総称のこと。

そうしたスキルが未発達で対人行動場面での不適応が生じている場合、その不適応の改善や予防のために用いられる訓練を、「ソーシャル・スキル・トレーニング（ＳＳＴ＝Social Skills Training)」と呼ぶ。

ゆえの不安は雪だるま式に膨れ上がります。そのため、そのような抱えきれないほどの不安を解消すべく、自分で納得のいくような、被害感に彩られた筋書き（物語）を仕立て上げてしまい、「もしかしたらそうなのではないか、いや、きっとそうであるに違いない、なるほど、そういうことだったのか……」と全く根拠のない確信に頼ろうとします。[87]

そう確信してしまえば、曖昧さによって膨れ上がった不安はとりあえず解消し、事態が（事実とはまるで異なる形で）はっきりと見えてくるからです。底なしの不安と疑心暗鬼が妄想[88]として結実する瞬間です。別な言い方をするなら、際限なく膨れ上がる不安によって、それまで辛うじて保たれていた心のバランスがついに崩れ、当初は漠然としていた空想の断片が一気に鮮明な輪郭を帯びて形をなし、視界がにわかに暗転するとでも形容できるでしょうか。

そして、こうした誤った思い込みが言わば心の癖として日常的に反復されている場合、重篤な対人恐怖とみなさざるを得ず、これが思春期に起こる場合を特に思春期妄想症と呼ぶことがあります。[89]

思春期妄想症の下位分類として代表的なものが、自己臭恐怖、醜

▼87
空想、観念、思考、夢などの内的体験（心の内側にある主観的世界）と、外的現実から感覚器官を通して知覚された外的体験（外的な客観的世界）とを識別、照合、検討し、現実と非現実を区別する心の働きを「現実検討（あるいは現実吟味）」と言う。幻覚・妄想といった精神病水準の異常体験は、この現実検討の障害と位置づけられるが、本文中にある被害的な筋書きを仕立て上げる心の反応は、一過性のものであれば健常者でも起こり得るものである。

▼88
昨今、ありもしない荒唐無稽な事柄を空想することを「妄想する」と動詞として使う人が増

形恐怖、自己視線恐怖などです。周囲の人に著しい不快感を与えている（と誤って確信している）源となるものが、自己臭恐怖の場合は自分の発する臭いにおいであり、醜形恐怖では自分の醜い（と思っている）身体的特徴や容姿であり、さらにまた、自己視線恐怖では、変な目つきをしているとか、嫌らしい目をしているといった自分の視線です。[▼90] そして、そのいずれもが、対人恐怖や外出恐怖といった社交不安障害[▼91]の背景のひとつとして考えられ、不登校や引きこもりは、その結果として表現される一形態であることが稀ではありません。

2　自我境界と自我漏洩症状

あくまでもひとつの仮説ですが、思春期妄想症の発生メカニズムは、自我境界という心理学的概念によって以下のように説明されることがあります。

まず、人の心は、心的空間という言葉によって、三次元的な広がりのあるものとして比喩的に理解されることがしばしばです。「心

えているようだが、本来は、病的な状態から生じた誤った判断や思考内容を指す精神病水準の症状名である。

並々ならぬ強い確信を持って固持され、いかなる説得や現実的体験によっても訂正されない（訂正不能）。

▼89

昨今のいわゆるＬＩＮＥなどにおいて、すぐにレスポンスを示さないと短絡的に「無視された」といつのまにか決めつけられ、その挙句、自分の気づかないうちにオンライン上でたいへんなことが起こっているのではないかという状況から、二四時間三六五日の不安を強いられることになる。

また、相手の顔が見えず声も

が広い」「懐が深い」「心の中にしまっておく」「心にぽっかり穴があいたような」といった日本語表現にはどれも、前提として心の中に空間的な広がりと奥行きが比喩的に想定されていることは、読んで字の如くです。

そうした心の内側は、内的世界とも呼ばれ、感情、思考、想像、空想、夢など、ありとあらゆる自分だけの主観的な心的活動がその内側で起こっています。[▼92]

その心の内側と物理的、客観的な外的環境、すなわち内的世界と外的世界とを隔てている膜のようなものに喩えられる心理学的概念が、自我境界と呼ばれるものです。当然の如く、内的世界は私たちの身体の外側ではなく内側にあると想定されますので、物理的な実体になぞらえて言えば、内側と外側との境界は私たちの皮膚であるとも考えられます。

ところが、自我境界という皮膜で覆われている、あるいは包まれていると想定される内的世界は、完全に密閉されているわけではありません。再び物理的な実体になぞらえて言えば、私たちの身体は皮膚によって完全に閉じられているわけではなく、頭部には眼孔、

聞こえない、テキストだけのデジタル・コミュニケーションでは、その字面が無色透明、無味無臭であるがゆえに、当人ならではの不安や疑心暗鬼によっては、いかようにも彩られてしまう怖さがある。疑心暗鬼にスイッチが入った状態でニコニコ笑った絵文字を見せつけられると、かえって恐怖に震えることもあるだろう。

表情認知の基本的カテゴリーの六種、すなわち「喜び」「怒り」「哀しみ」「驚き」「怖れ」「嫌悪」は民族や文化を超えて人類普遍のものとされる。その普遍性がぐらつくほどの怖さがデジタル・コミュニケーションにはある。

鼻腔、耳孔、口腔、下半身には性器、尿道口、肛門があり、端的に言えば、私たちの身体にはたくさんの穴があいていることになります。ミクロなレベルでの汗腺を含めれば穴は無数にあるわけですが、そのたくさんの穴をまとめて身体開口部と呼びます。

そして、本来なら心の内側にしまっておきたいもの、つまり、自分でも認めたくない汚いものや醜いもの、恥ずかしいもの、人には知られたくないもの、あるいは相手に伝わってしまっては困る本音本心、悪意、下心、邪心といったものが、「意に反して」外側に漏れ出てしまっているのではないかと危惧します。さらに、それを悟った相手が不快な思いをしているのではないか、その結果として迷惑をかけて嫌われてしまっているのではないかという不安や疑心暗鬼、あるいは恐怖を持て余すわけですが、それらが、こうした身体開口部に比較的集中しやすいとされているのです。

「意に反して」という点は、これまで何度も述べてきた、第二次性徴における身体的変化の他律性を連想させます。このように内側にある、相手に悟られては困るような、隠しておきたいものが意に反して漏れ出てしまって、外界に露呈していると感じられる誤った自

▼90
したがって、目の前にいる相手の目線を恐怖し、結果として相手と目が合わせられない通常の「視線恐怖（正視恐怖症とも言う）」とは方向性が逆である。

▼91
“Social Anxiety Disorder：SAD”の訳で、社会不安障害とも言われる。他者の注目を浴びる状況、あるいはそれが予想される状況において、失敗して恥をかいたり、嘲笑されたりするのではないかと恐怖することによって、結果的にそのような他者との接触の機会を回避するようになる状態のこと。

ひと昔前までは、対人恐怖は日本人特有のメンタリティに基づくものとされていたが、この

己認知のことを専門的には自我漏洩《ろうえい》症状▼93と呼び、思春期妄想症を理解する上で援用されることの多い仮説です。

　心と体のそうした対応関係、つまり心の中で起こっているはずの出来事が意味的に体と対応関係にあるということは、「心身一如▼94」「心身相関▼95」などと呼ばれることがありますが、これはいわゆる心身二元論▼96とは対極に位置する、あえて言うなら東洋的な発想です。

　具体的に言うと、自己臭恐怖においては、口臭や汗臭さ、下半身から発せられる大小便やおなら、あるいは性器や精液、経血などのにおいが周囲を不快にさせていると思い込みます。

　過敏な人の場合、目の前にいる相手がたまたま手を鼻の位置に持っていっただけで、自分がにおっているから相手は臭いと思っているのだと決めてかかることがしばしばです。

　「クサイ」「キタナイ」は、いじめにおいて相手を傷つけるための常套句《じょうとうく》であることからもわかるように、自分自身が臭いにおいを発していて、周囲にいる人を不快がらせているという事実（あるいはそうした思い込みや不安）にはたいていの人が敏感に傷つきます。「クサイ」の先にあるのはもちろん「キレイ」ではなく「キタナイ」

社交不安障害という概念は国際基準の中でも概念化されるようになった。

▼92
無意識的なものも含めて、内的世界における主観的な体験の総称を「心的現実」と呼ぶことがある。心理療法やカウンセリングなどの治療場面においては、他者とは共有され得ない、本人（だけ）が体験する主観的な世界をありのまま理解しようと努める際に最大限尊重されなければならないもの。その上で、外的な現実とどのように折り合って適応を図るかが次の治療的課題になる。

▼93
自我漏洩症状には、本文中で

ですから、クサイヤツ、キタナイヤツだと相手に思われているのではないかと思うだけで、心は粟立《あわだ》ち、自尊感情はズタズタになってしまいます。

症状として固定化していない程度の微かな不安は、時と場合によっては、多かれ少なかれ誰にでもあるものなので、そうした不安を解消してくれる強い味方である夏場のデオドラント商品が、特に若い女性に売れるのでしょう。最近では、男性向けの商品も登場し始めました。また、自然な老化現象に基づくいわゆる加齢臭も、「スメハラ」などと言って槍玉に挙げられるようになってきました。

一方、自己視線恐怖においては、自分の視線から醜いものや恥ずかしいもの、すなわち悪意や下心が読みとられてしまっているのではないか、裏も表も心の中を見透かされてしまっているのではないかと勘繰ります[97]。

厳密に言えば、眼孔は眼球によって塞《ふさ》がれてはいますが、「目は心の窓」と言われるように、目を通して内側にあるものが読みとられているのではないかと恐怖するのです。「目が怒っている」という場合も、口に出しては何も言っていないながらも、怒っているこ

紹介している自己臭恐怖や自己視線恐怖、醜形恐怖の他にも、他人に知られたくない自分の考えが自らの意思に反して声となって他者に伝わっているといった、比較的病理性の重篤な伝播性体験が含まれる。

▼94
一般的な意味としては、心と体は一体のものであるという発想。心身医学では「心身一如」だが、仏教関連の文献では「心」と「身」の順番が逆の「身心一如」と記述されることがある。

▼95・96
「心身相関」とは、「心身一如」のように一体とまでは断定しないものの、心と身体は密接な関係にあって互いに何らかの変化

とが目を見ただけでわかる時の表現です。

醜形恐怖の場合は、必ずしも身体開口部に特定されませんが、自らの（醜いと思い込んでいる）身体的特徴や容姿のみならず、心の中にある醜いもの、つまり、客観的にはそれほど醜いわけではないのに、自分ではとても醜いと思っているその醜さが相手を不快にさせていると思い込むわけです。▼98

不安や疑心暗鬼、あるいは恐怖が集中しやすい身体開口部を改めて確認すると、自己視線恐怖に関連するのが眼孔、そして、自己臭恐怖に関連するのが口腔や性器、尿道口、肛門、汗腺などです。

どういうわけか、鼻腔、耳孔はそうした恐怖が起こりにくいようです。鼻の穴にまつわる不安は、せいぜい鼻水が垂れそうになるとか、鼻毛がのぞいているといったくらいでしょうから、深刻な妄想にまで発展しそうにはありません。耳に至っては、そうした不安そのものを想定することはなかなか難しいでしょう。

同じ身体開口部でも、不安や恐怖が集中する箇所とそうでない箇所があるのは興味深い点です。私見では、不安や恐怖が集中しやすい身体開口部の場合、目や口は自らの意志で閉じることによって、

を及ぼし合うという、心身医学の大前提となる考え方。古くは古代ギリシア哲学まで遡る、心と体とは本質的に異質な別物であるとする「心身二元論」とは一線を画す。

一方、実体のない非物質的な心がどのようにして身体に影響を及ぼすのかという難問は、哲学をも巻き込んだ「心身問題」として包括される。

また、臨床的なトピックとしては、実際には薬理効果の含まれない偽薬によって症状が改善されるいわゆる「プラセボ効果」がある。プラセボ効果は、薬物療法以外にも、心理的介入や外科的手術でも起こり得ることが報告されている。

そして、下半身も括約筋を締めることによって、内側の隠しておきたいものが漏れ出さないようにする努力がとりあえず可能な部位と言えます。

漏れ出さないようにする努力が可能な部位に不安や恐怖がどうしても惹起《じゃっき》されるのは、どんなに努力しても、あるいはその努力の甲斐なく、「意に反して」漏れ出てしまうのではないかという他律性が体験されるからこそ、ではないでしょうか。その結果、如何ともし難い無力感や屈辱感がその他律性によってもたらされるからではないでしょうか。

一方、鼻や耳の場合は、どんなに努力してもその穴を自らの意志で閉じることはできませんので、最初から「意に反して」という事態は起こりようがなく、したがって、他律性に翻弄されることもないのです。同じ身体開口部でも、不安や恐怖が集中する箇所とそうでない箇所に分かれることについては、このように説明できると思います。

空腹時にお腹がグーと鳴るのを人に聞かれると、たまらなく恥ずかしい気持ちになりますが、これも内的な状態が音として外側に露

▼97
通常の視線恐怖が「見られる恐怖」であるのに対して、自己視線恐怖は「見てしまう恐怖」であると一応整理できるが、「見てしまうこと」によって、本音や下心が相手に「見られる」ことを恐怖するという、「見る」ことの往還がある。

▼98
しばしば頑強に訴えられ、美容整形手術を求める場合も珍しくない。
いわゆる美容整形外科のホームページには、体の部位ごとの詳細な料金表が細かく紹介されている。それだけ身体不満に基づくニーズが多種多様であることを裏づけている。

顕しているからに他なりません。お腹で音がするのを自分の意志でコントロールすることはできませんので、やはり「意に反して」という他律性に該当するものと考えられます▼99。

思い返してみると、自分自身の心身に関連して起こることを自らの力ではコントロールできないという、圧倒的なまでの無力感を突きつけてくる対人関係場面における「他律性」には、慄然《りつぜん》とさせられるものがあるという事実に改めて驚かされます。

以上、述べてきた自我境界や身体開口部については、あくまでも心理学的な仮説であって、科学的な証明はなかなか困難です。一点だけ、そうした仮説に矛盾すると考えられる事実を紹介しておきます。言うまでもなく、身体開口部の数には男女差があります。つまり、男性の場合と異なり、女性は性器と泌尿器は別々ですから、身体開口部の数で言えば女性の方がひとつ多いことになります。ところが、疫学的《えきがく》▼100には、自己臭恐怖の症例はなぜか男性の方が多いと言われているのです。単純に考えるなら、身体開口部の数がひとつ多い女性の方が症例も多くなるのが自然でしょうから、不思議と言わざるを得ません。

▼99　蛇足ながら、音から連想するのは、人工的な音をわざと流すことで排泄時のリアルな音をカモフラージュする女性向けの擬音装置である。
たとえ個室の中で誰にも見られていないとは言え、女性にとっては、身体の内側にたまっていた究極の汚いものを排泄する際の音を、やはり誰にも聞かれたくはないということであろう。そのためには、排泄時の音を自分の意志でコントロールすることはできないので、「意に反して」どうしても聞こえてしまう音を、一定以上の音量の別の音で掻き消す必要がある。

▼100　疫学とは、疾病や健康状態な

3 コミュニケーションの難しさ

自我漏洩症状に関連した心理学の概念をもうひとつご紹介します。自分の内的世界、すなわち、心の中で考えていることや思っていることが目の前にいる相手に実際以上に見透かされてしまっていると思い込んでしまう傾向は、「透明性錯覚」[101]とも呼ばれています。「透明性錯覚」を翻訳するなら、「見透かされ不安を惹起する思い込み」ということになりましょうか。

最もわかりやすい例としては、相手に知られたくないことをどうしても秘密にしておきたい時、あるいは嘘をついたり隠しごとをしたりしている時など、実際にはそうでなくても、それが相手にバレてしまっているのではないかと必要以上に不安になってしまうことが挙げられます。

相手に気づかれると自分にとって都合が悪い場合だけではなく、愛情や好意、自己ＰＲなど、自分の内面や自分にまつわる情報を積極的に相手に伝え、わかってもらいたいと願う場合においても、こ

どについて、その頻度や分布およびそれに影響する要因を明らかにする学問領域。

▼101
まずい飲み物をひとつ含む五種類の飲み物を、観察者の前でまずさを悟られないように飲んでもらうように実験協力者に教示したところ、実際よりも二倍以上の実験協力者がまずさを体験していることを見抜かれてしまったと予想した。
このことは、自己の内的状態が他者に対する推論に影響を及ぼす「自己中心性バイアス」のひとつとして説明される。

れだけ言えば相手はきっとわかってくれるはず、と相手の理解の度合いを実際以上に過大評価してしまいます。この過大評価が、対人関係場面における誤解や思い込みを生じさせる可能性があることは容易に想像がつきます。

実際のところは、自分が不安に感じている、あるいは期待しているほどには、相手は自分のことをよくわかっていないということかもしれません。そうした可能性を少しでも考慮するなら、日頃のコミュニケーションがもっとていねいなものになるかもしれません。

他方、目の前にいる相手が今、何を思ったり考えたりしているのか、すなわち他者の心の状態（目的、思考、意図、信念、感情など）を積極的に想像し理解しようとする働きを、心理学では比喩的に「心の理論」[102]と呼びます。そのような心の働きは、もちろん個人差が大きいのですが、通常、四歳以降から次第に可能になっていくと言われています[103]。

つまり、自分の主観的な心の中の世界と相手の主観的な心の中の世界とは別々のものであって、決して同じではないということがわかるようになるには、自分の心と、それとは異なる相手の心という

▼102　当初は、チンパンジーが仲間や人間の心を理解できるかどうかを探究するための研究であったが、そうした方法論が人間の心の発達研究にも応用された。ただし、他者の心を推論できることを、「心の理論」を持つとみなすことには異論があり、メンタライジングという用語で呼ばれることもある。

▼103　本書の他の箇所でも強調しているように、ある発達課題が突如として課されるようになることはない。この心の理論においても、四歳以前の段階からその萌芽は観察される。その代表例が、相手が注意を向けている興味の対象に自らも視線を向ける

ふたつの心を想定する必要がありますので、ある程度の心の発達が前提になるわけです。

そのことは、子どもの嘘や隠しごとの始まる時期がほぼ四歳以降であることと関係があると考えられます。[104]「本当のことを知っているのは自分だけで、お母さんは知らないはず」という認識があるからこそ、つまり、本当のことを知っている自分の心と、本当のことを知らない母親の心とは別々のものであると認識できるからこそ、そして、だから本当のことを言わなくてもやり過ごすことができると見通せるからこそ、子どもは嘘をつく（ことができる）のです。

もちろん、教育やしつけの文脈では、嘘をついてはいけないことを教える必要がありますが、今述べたように、心理学的には嘘をつけるようになることは心の発達のひとつとみなされます。

逆に、一定の年齢に達しても一度も嘘をついたことがない子や嘘をつくことができない子は、今述べた観点に照らせば、むしろ心配かもしれません。つこうと思えばつけるかもしれない嘘をあえてつかずに、自ら正直に事実を打ち明けられるようになることが、本来の道徳教育として目標にされるべきでしょう。嘘を咎《とが》めるよりも、

ようになる「共同注意」で、生後九カ月前後から可能になる。

▼104
それ以前の段階では、意図した嘘というよりも、空想や願望である可能性が高い。

▼105
俗に言われる「ほめて育てる」には心理学的な根拠がないわけではない。例えば、逃避不可能な強制的な不快刺激を繰り返し与えられると、環境に働きかける努力や解決への試みが断念されることを、全くの無力であることがいわば誤って学習されたという意味で、「学習性無力感」と呼ぶ。

これはイヌに対する電気ショック実験から見出されたこ

正直さを称える[105]ことに力点を置くことが子どもの自尊感情を育てることに繋がります。

この他者の主観性に対する推論が可能かどうかは、図5のような紙芝居や人形劇を見せることによって簡単に確認することができます。太郎が手を洗いに行っている間に、花子のいたずらによってお菓子が箱Aから箱Bに移し替えられ、それを知らずに戻ってきた太郎は、お菓子を食べるためにどちらの箱を開けようとするかを問うのです。この紙芝居を見ている「私」は、花子のいたずらによってお菓子が箱Bに移ったことを知っていますし、もちろんそれが事実です。しかし、手を洗いに行っていてその場にいなかった太郎は、花子のいたずらによって移し替えられたことを知らず、お菓子が依然として箱Aに入っていると思っていますので、当然、箱Aを開けようとするでしょう[106]。

事実とは異なる太郎のそのような認識を誤信念、あるいは虚偽信念などと呼びます[107]。花子のいたずらを見ていた第三者の「私」はお菓子が箱Bに入っているという事実を知っていますが、その事実を知らずに誤信念を抱いたままの太郎の立場に立てることによって、

とであるが、人間における抑うつや無気力、引きこもりなどとの関連も指摘されている。

▼106
現実の内容を心に思い描く（表象する）ことができる「一次表象」、現実とは異なる状況を再現できる「二次表象」、そして現実と表象との関係そのものを俯瞰《ふかん》的に思い描くことのできる「メタ表象」とがあり、そのような段階をメタ表象能力の発達と呼ぶことがある。

▼107
「Aさんはこのように思っている」は一次的虚偽信念であり、「Aさんはこのように思っている、とBさんが誤って信じている」という入れ子構造が二次的

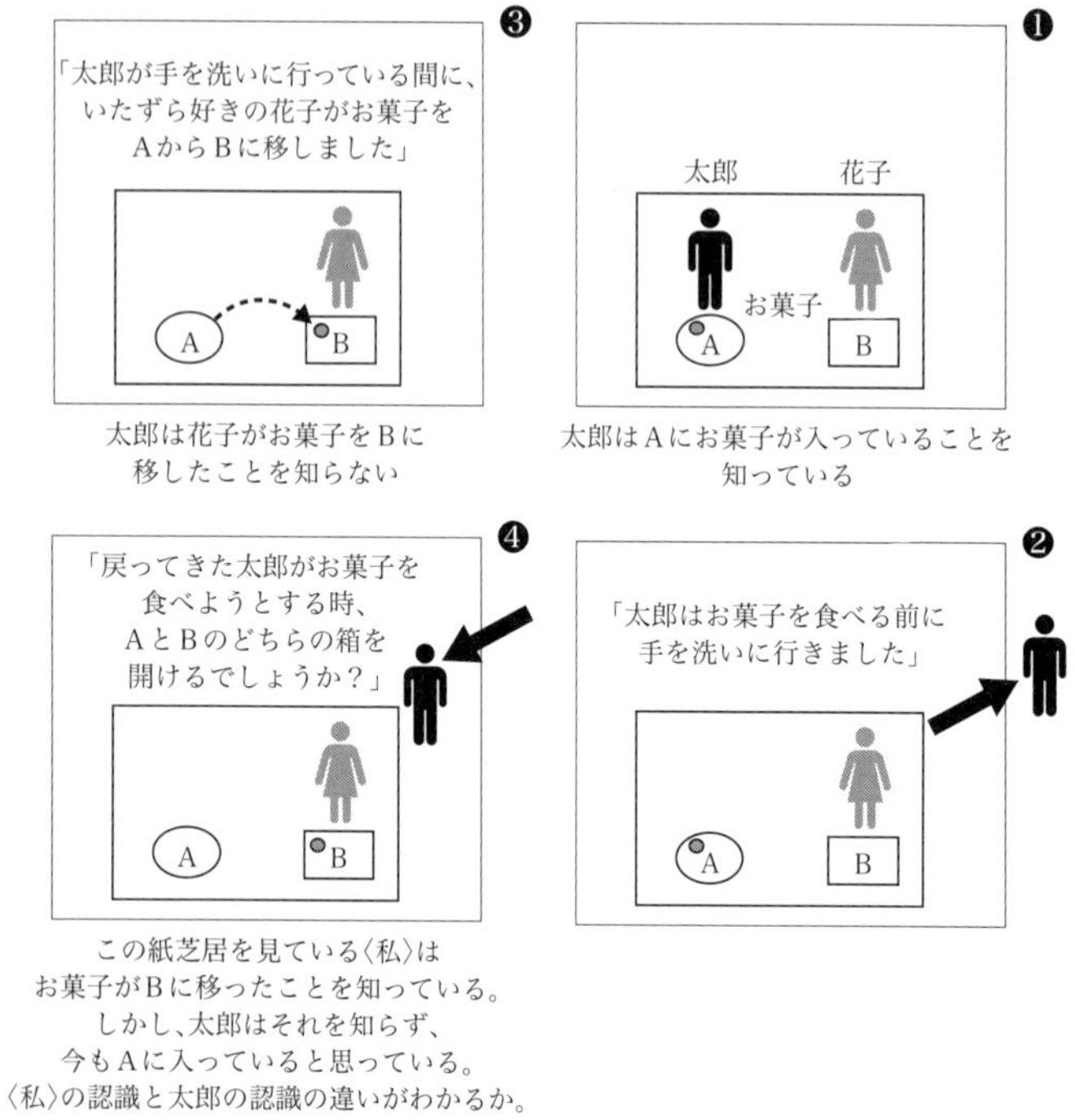

太郎はAにお菓子が入っていることを
知っている

太郎は花子がお菓子をBに
移したことを知らない

この紙芝居を見ている〈私〉は
お菓子がBに移ったことを知っている。
しかし、太郎はそれを知らず、
今もAに入っていると思っている。
〈私〉の認識と太郎の認識の違いがわかるか。

図5　誤信念課題（虚偽信念課題）

虚偽信念である。この二次的虚偽信念についての課題は、六〜七歳でようやく可能になるとされる。

つまり、私の心と太郎の心は別々のものであるという認識を持てることによって初めて、「お菓子が箱Bに移し替えられたことを知らない太郎は箱Aを開けようとする」と答えることができるのです。そうした認識をまだ持てない四歳未満の子どもは、「私」が知っている事実が太郎にとっても同様の事実であると混同されるため、箱Bと答えてしまいます。

さらに難しい課題として、図6のような失言課題というものがあります。

ジャネットはアンの結婚のお祝いにクリスタルの食器を贈りました。アンはたくさんのお祝いをもらったので、どれを誰からもらったか十分把握してはいませんでした。一年後、アンの家でジャネットは自分が贈った食器をうっかり壊してしまい、申し訳ないことをしたと謝りました。アンはそれがジャネットからのお祝いであったことに気づかず、「あれはそれほど気に入ったものではなかったから気にしないでね」とジャネットを慰めました。

図6　失言認識課題

クリスタルの食器はジャネットから贈られたものだったのに、その贈り主のことをはっきり覚えていなかったアンは「あれは気に入ったものではなかった」とジャネット本人に打ち明けたわけですから、これは明らかに失言です。

自分がもらったたくさんのお祝いがそれぞれ誰から贈られたものであるかを十分にわかっていなかったというアンの心の状態、そして、食器を壊して申し訳ないと思っていて、しかもそれが自分が贈ったものであるということをわかっているジャネットの心の状態、つまり、ふたつの事実とふたり分の心の状態を、第三者である「私」の心によって同時並行的に理解できて初めて、アンの言葉が失言だとわかるのです[108]。

しかし、九〜一一歳頃までは、このアンの言葉が失言であることはわからないとされています。もちろん個人差がありますので、第二次性徴を迎えたあとであっても、ここでのアンの言葉が失言であることがなかなかわからない子どももがいてもおかしくありません。それどころか、ジャネットを慰めたアンを賞賛する子どもがいても不思議ではないのです。

▼108　アンは誰から贈られたものかをわかっていなかったこと、そして、ジャネットが自分の贈った食器を壊してしまったこと、このふたつの事実が前提となり、それを踏まえてふたりの心の状態を推論し、アンの言葉の是非を吟味できなければ、失言という結論には至らない。

別の課題として、「逃走中の泥棒が手袋を落とした。たまたま通りかかった、事情を知らない警察官がそれを見て、泥棒を呼び止めた。観念した泥棒は、警察官に犯行を自供した。泥棒はなぜそうしたのか」がある。

この泥棒は、先に述べた「透明性の錯覚」に陥っていたとも理解できる。

しばしば目にする「相手の身になって」とか「相手の立場に立って」、あるいは「相手の気持ちを考えよう」といった道徳教育や人権教育にありがちな紋切り型のスローガンも、ただ一本槍に言い募るのではなく、このような心理学の知見を踏まえてていねいに工夫されてもいいでしょう。

さて、本項の見出しを「コミュニケーションの難しさ」としたのは、「透明性錯覚」のような過大評価に基づく思い込みや、「心の理論」に象徴的に見て取れるような認知発達の程度が、コミュニケーションのあり様を左右してしまう可能性があるからです。

通常考え得るコミュニケーションの難しさの一因は、およそありとあらゆる観点から、自分が発する言葉や文脈を相手がどれほど正確に理解してくれそうかを、瞬時に、そして的確に見積もる必要があることによります。

具体的には、相手の年齢、語彙《ごい》力、理解力、知識量、語感やニュアンスなどへの感受性、さらには相手の現在の感情状態、性格傾向、興味関心、相手と自分との関係性、そしてコミュニケーションそのものへの動機づけなどです。

時と場合によっては、リアルタイムのその見積もりに基づいて、発信の仕方をその都度、微調整したり、相手の理解の度合いをこまめに確認したりする必要も生じてきます。「馬の耳に念仏」や「犬に論語」という不幸な（滑稽な？）事態は、そうした見積もりの際の典型的なエラーと呼んでいいでしょう。馬にだって人間の語る言葉が通じるはず、念仏は馬にとってもありがたいはず、という根本的な事実誤認があるのです。

相手に対するそのような見積もりは、心理学や言語学の専門家による離れ技などではなく、誰もが常に、ほとんど無意識的に行っていることだということは言うまでもありません。しかし、先に述べたように、相手の心と自分の心は決して同じではありませんし、きっとわかってくれるだろうという「透明性錯覚」に基づく過大評価も手伝って、コミュニケーションのズレや温度差というものは、多かれ少なかれ絶えず生じているという可能性を否定はできません。

心理学や言語学の専門家といえども、その困難さを完全に回避することはできません。言い換えるなら、相手のリアルタイムの心の状態を的確に把握（厳密に言えば推測）した上で、自分の考えや気持ちを正確に発信し、そして、それが本当に意図した通りに伝わったかどうかをしっかりと見届けるのは、誰にとってもそれほど容易なことではないということです。相手が発達途上の子どもであれば尚更《なおさら》のことです。

また、発信と同じくらい、受信に伴う困難もあります。発達途上にあって自分自身の感情状態の認識やそれを表現する力（つまり言語化能力）が十分ではない子どもは、自分自身の心のありようを表現することが難しい場合があります。[109]

特に不安や葛藤、怒り、哀しさ、寂しさ、虚しさ、遣《や》り切れなさといった陰性感情は、本人にもはっきりと識別されないまま、いわば渾然一体《こんぜんいったい》となって「ウザイ」「キモイ」「ダルイ」「ムカツク」などのたったひと言で表現されることが少なくありません。

今、自分の心の中で起こっているリアルタイムな感情状態を、あたかももうひとりの別の自分がモニターしているかのように冷静に観察し、その感情状態にふさわしい言葉を探し、それを例えば「哀しい」とか「寂しい」といった言葉で表現すれば、今の感情状態を相手に十分に理解してもらえるはずと判断できるまでには、一定の

▼109　感情状態を体験することと、それをふさわしい言葉で言語化することとは別次元であるという発想に基づく。

心の発達が前提となります。

自分の心の中をあたかももうひとりの自分が冷静に観察する、そのもうひとりの自分を「観察自我▼110」と呼ぶことがあります。子どもの場合は、その観察自我が十分には育っていないのです。

音としての、あるいは文字としての「哀しい」や「寂しい」といった言葉を知っているだけではなく、その言葉の意味するところを正確に知った上で、自分自身の内面を語る言葉として他の言葉と区別して使えるようになって、初めてボキャブラリーと呼べるわけです。

この点に関しては、大人においても個人差がたいへん大きい部分ですので、思春期の子どもであればなおのこと、なかなか難しいと言わざるを得ません。

時に「ウザイ」と言われて、「あぁ、なるほど、ウザイのか」とわかった気になるだけでは、何がどうウザイのかを理解したことにはなりません。「ウザイ」の中身に慎重かつていねいにフォーカスしつつ、最大限の想像力を駆使してその得体の知れない「ウザイ」の意味するところの翻訳を試み、本人にもわかる言葉を添えてあげ

▼110　もともとの意味は、心理療法などの治療的コミュニケーションにおいて、被治療者が冷静に自分の心の中を観察した内容を治療者に語り、それに対する治療者による理解を受け入れていくことができる自我の一側面を言う。

そうした観察自我を育てていくことで、やがて治療者がいない時でも、自分の心の中をある程度までは冷静に見つめることができるようになることが期待される。

るのは、彼らの心を理解しようとアプローチする大人の側の役目です。

問われているのは理解を試みようとする側の翻訳能力とボキャブラリーであり、求められているのはアプローチの仕方における工夫と言っても過言ではないでしょう。子どものボキャブラリーの乏しさをいくら嘆いても始まらないのです。そこに添えられた言葉が、自分自身の体験にフィットするようだと実感されれば、「自分の気持ちがわかってもらえた」と感じられるでしょうし、以後、同様の感情状態を体験した際には、その言葉で自分の気持ちを表現できるようになるでしょう▼111。

細やかな関係性に基づくそうした感情体験のていねいな色分けは、泣いている赤ちゃんのニーズを母親が汲《く》んであげられるようになることに似ています。母親は当初、赤ちゃんが泣いているのはオムツが濡れているからなのか、お腹が空いているからなのか、あるいは他に何か苦になることがあるからなのかを、なかなか汲み取ることができません。しかし、毎日赤ちゃんと一緒に過ごすことによって、少しずつ赤ちゃんの泣き声からニーズを汲むことができるように

▼111
心の中に記憶されていく言葉についての情報を、「語彙記憶」あるいは「心内辞書」と呼ぶことがある。

なっていきます。▼112

最初からそれができる天才的なお母さんは存在しないでしょう。そうした感受性は、日々の関係性の積み重ねの中から少しずつ研ぎ澄まされていくものです。その関係性の機微のようなものは、そのふたりだけに共有されるものであるため、ふたり目の赤ちゃんが生まれれば、その関係性は再び一から積み上げられていく必要があります。第一子と第二子とでは、その時々の泣き方や汲まれるべきニーズが異なるわけですから、ありとあらゆる点で第一子の時とは異なることを覚悟しなければなりません。

その点、小中学校の先生方は、ひとクラス三〇人なら、それぞれ異なる三〇通りもの関係性の機微を一身で引き受けていることになりますので、極論すれば、相手に応じて三〇通りの自分を使い分け、三〇通りの工夫を駆使しているとも言えるでしょう。それができるようになるには、当然のことながら、一定以上の時間が必要になります。

したがって、以下は私見ですが、一学期の早い段階で家庭訪問を儀礼的に済ませてしまうことの是非については、再考されてもいい

▼112　乳児の情緒的なサインを母親（あるいはその他の養育者）が読み取りながら応答することで、乳児の心の状態に共感的に応じる母親の機能を「情緒応答性」と呼ぶ。また、その応答は母親からだけではなく乳児からも母親に向けて発せられる相互的な交流であり、そうした関係性の中で双方が情緒的に満たされていく。

また、乳児の奥行き知覚を研究するために作られた実験状況に「視覚的断崖」と呼ばれるものがある。底面が断崖のように深く見える高さに透明のガラス板を置き、ハイハイができる乳児にガラス板の上をハイハイさせようとしても、断崖の縁からガラス板を通して奥行きが知覚

かもしれません。なぜなら、四月のわずか一～二週間の間で、三〇通りを使い分けられるようになるのは、およそ人間業《わざ》とは思えないからです。保護者は、入学後や進級後の我が子の様子を知りたくていろいろと尋ねるでしょうが、何を尋ねられても、「まだよくわかりません」というのが先生方の本音ではないでしょうか【→コラム7】。

さて、受信の際の困難さに戻ると、一般に、問いかけ方には、クローズド（closed）とオープンエンド（open-ended）の二種類があります。前者はイエスかノー、あるいは、あれかこれかで答えられる問いかけであり、後者は自分の言葉で自由に答えてもらう問いかけです。

先ほどの「ウザイ」の例で言うと、例えば「そのウザイって、思い通りにならなくて腹が立つことと、自分の気持ちをわかってもらえなくて寂しいのと、どっちの気持ちに近い？」などと、こちらの仮説上の翻訳を交えて投げかけてみるのがクローズドな問いかけです。

一方、「そのウザイって、具体的にどんな気持ちか、別の言葉で詳しく表現できる？」と、言葉の選択や表現の仕方を相手に全面的

されるとともに、同時に前方で母親が恐怖の表情を見せることで、乳児は前進することを躊躇する事実が観察された。

ところが、母親が笑顔を見せると、奥行きが知覚されながらも、多くの乳児が母親のいる方向に向かって前進した。

このことから、前進するか留まるかの行動を、乳児は母親の情緒応答性を手がかりに決定していることがわかる。これは「母親参照機能」、あるいは「社会的参照」と呼ばれる。

に委ねるのがオープンエンドな問いかけです。

前者の方が後者よりも答えやすいことは明らかです。クローズドな問いかけである程度まで輪郭が明らかになったら、オープンエンドな問いかけに切り替えて自由に語ってもらうなど、アプローチの仕方にはいくらでも工夫が可能です。「どっちの気持ちに近い?」のあとに「それとも別の何かかな?」と加えれば、クローズドとオープンエンドのブレンドとなります。

反面、クローズドな問いかけだけを畳みかけると、「お前がやったんだろう!?」「やってません」といった取調べや尋問のようになってしまいます。また、差し当たって「ウザイ」という言葉しか見つからないから「ウザイ」としか表現できないわけで、オープンエンドな問いかけだけをひたすら繰り返しても子どもを絶句させるだけでしょう。

また、心理療法やカウンセリングの技法論にも通じるものですが、現在の心の状態を、ただ単に「どんな気持ち?」と尋ねるのではなく、例えば一〇点満点のうちの何点くらいかを尋ねたり、天気や色で喩えてもらったりという工夫もあり得ます。

一〇点満点で尋ねてみて六点という答えが返ってきたら、その六点分の中身と足りない四点の中身をオープンエンドで尋ねてみると、何かが語られるかもしれません。▼113 色や天気の場合も、「今の心の中は何色？」や「心の中ではどんな天気？」と尋ねてみれば、視覚的なイメージを伴いやすい分、「どんな気持ち？」よりは答えやすいかもしれません。

子どもが幼い場合には、「ドラえもんにひとつだけお願いできるとしたら、今、どんな道具を出してもらいたい？」と問いかけてみるのも一興です。その子どもの瑞々しい願いや果てしない夢が、その子ならではの独特な物語として聞けるかもしれません。

典型的とみなされたある躁うつ病の男性患者は、筆者がその時の状態を一〇点満点で尋ねた際、気分が落ちているうつ状態の時には〇点や一点と答えましたが、やがて訪れた気分の高まった躁状態▼114では、一〇点満点で一五点と答えました。

また、ある非行傾向の少年は、筆者が「今、心の中はどんな天気？」と尋ねると、しばらく考えたあと「……ザーザー降りの大雨▼115」と不貞腐《ふてくさ》れたように答えてくれました。「傘、持ってるかい？」

▼113
その上で、目標は何点くらいか、目標までにはあと何点必要か、それは具体的に何によってもたらされるかなどと話題が広がることが期待できる。

▼114
躁状態に転じることを精神科医療現場のジャーゴンでは「躁転」と呼ぶ。また、躁状態とうつ状態が目まぐるしく移り変わる病像をラピッド・サイクラーと呼ぶことがある。

▼115
ここで「雨＝涙」と早合点し、機転を利かせたつもりで「今、泣きたい気分なんだね」などといった解釈を押し付けるのは、たとえその理解が大きくずれて

とさらに尋ねると、その少年は無言のまま首を横に振りました。「それは困ったなぁ。傘、誰に持って来てもらおうか？」と踏み込むと、ひと言ボソッと、「……お母さん」と答えたのでした。

このような問いかけの工夫が奏効するのは、もちろん、そうしたやりとりが可能であろうとの、関係性やコミュニケーションへの動機づけにまつわる見積もりがあってのことです。その実現が見込めそうにない場合には、いくら工夫を重ねても、まさに「ウザイ」と言われるだけでしょう。

いなかったとしても、比喩に基づくやりとりに水を指してしまう。それは野暮というもの。

【コラム７】人間の多様性や個別性、独自性へのリスペクトと謙虚さ

簡単に言い換えると、「多様性」とはいろいろな人がいるということであり、「個別性」とはそのひとりひとりが決して同じではないということであり、さらに「独自性」とは、そのひとりひとりがそれぞれの異なる生き方で必死に生きているということです。

当たり前と言えば当たり前の事実なのですが、集団を相手にする場合には、つい忘れがちなことではないでしょうか。さらに言い換えれば、「すべての人の生き方や価値観が異なる」ということであり、その事実には謙虚でありたいと思います。

例えば、学校現場では、一方で学級集団として束ねていく必要もあるわけですから、先生方のた

いへんさは想像に難くありません。その上で、それでもあえて、生きた人間を相手にして、そこから何かを学ぼうとする実践学という切り口から申し述べるとすれば、AくんとBさんは違うという厳然たる事実があるということです。

その大前提を常に念頭に置くなら、自ずと工夫が可能になると思うのです。その工夫とは、対象者から学ぶという姿勢から醸成されることでしょう。つまり、Aくんに対してうまくいった方法が、必ずしもBさんに通用するとは限らないという事態に直面して、ではいかに工夫すればいいかは、Bさんとの関係性の中から導かれるはずです。

どんな仕事でも、経験を積めば積むほど自分なりの型が次第にでき上がってきて、そのやり方から一定の手応えと自信が得られるようになることでしょう。しかし、そこに安住してしまうと、進歩や成長は間違いなく止まります。絶対的な確信を伴って「こうすればうまくいく」という方法にしがみつくなら、それは実践学ではなく、もはや信仰と呼んでいいでしょう。あるいは狂信でしょうか。そして、万一そのやり方でうまく行かなかった場合には、工夫を怠っていた自分を棚に上げて、その原因を相手のせいにしてしまうのです。

逆説的ですが、経験を積めば積むほど、つまり、こうすればうまくいくというとりあえずの「持ち駒」が増えれば増えるほど、その経験や「持ち駒」がかえって邪魔になって目を曇らせてしまい、不断に工夫しようとするモチベーションを下げかねないという事態は、想定しないよりは、しておいた方がいいと思われます。

第7章 家族も思春期を生きている

依存と独立の矛盾を抱えていくエネルギーが必要です。

家族も戸惑っています。
だからこそ、一緒に生きるのです。
そして、暗中模索の末、いつしか気がついたら
大人と呼ばれる年齢になっています。
毎日が忙しい中、
少しだけ、自分の思春期を思い出します。

1 家族ロマンス

　ここでも第3章と同様、思春期以前の問題から考えていきたいと思います。

　家族ロマンス[116]という言葉は何か美しい響きを伴って聞こえるかもしれませんが、そうではありません。簡潔に述べれば、家族の歴史の中で自分自身のルーツを見出そうとする際に子どもが抱くさまざまな空想のことですが、その空想にはゾッとするものまで含まれますので、決して美しいとは限りません。

　まず、家族のあり方が多様化する昨今、例えば、幼稚園の頃でさえ、友だちの中には父親がいない子や新しい母親が来たという子、何かの事情で祖父母に育てられている子がいることでしょう。しかし、幼稚園児には、そうしたエピソードが意味するところを深く理解することはできません。

　小学校に入学したあとも、そのような友だちがクラスに何人かはいるのが普通でしょう。やがてそうしたエピソードを自分自身に引

▼116
「家族空想」「家族小説」などとも訳される。

きつけて考えてみることができるようになると、いつしか、自分の父親、母親は、果たして本当に自分の父親、母親なのだろうかという疑問に辿り着くのです。

疑問というよりも疑惑に近いかもしれません。ある意味、当然と言えば当然の帰結です。『家なき子』や『母をたずねて三千里』、あるいは主人公が継母や異母姉に意地悪される『シンデレラ』などの物語を読んだり聞いたりしていれば、そうした疑問は俄然《がぜん》、リアリティを帯びてきます。あえて年代を言えば、小学校中学年の頃に相当するでしょうか。このことは、第4章で述べた「アイデンティティ確立に向けた準備」の事実上の出発点のひとつと言っていいでしょう▼117。

それまでは何の疑問も感じることなく、無条件の信頼と愛着を寄せていた両親と自分との血の繋がりを疑うという、幼い子どもにとっては、ただでさえ背筋が凍りそうな疑問ですが、それに輪をかけて、背景にある同胞葛藤が強いと、その疑問にさらに暗い影を落とすことにもなります。

同胞葛藤とは、親の愛情をめぐって兄弟や姉妹の間で嫉妬や焼き

▼117　時間にまつわる認知的な発達を前提として、自分の人生を過去から現在、そして未来へと連続性を持つものとして次第に考えられるようになると、将来のこともさることながら、今まで自分が生きてきた来歴に嫌でも興味が湧き、家族の歴史の中で自分自身のルーツを知りたいと思うようになる。

そのことは、自分とは何か、自分はどこから来てどこへ向かおうとしているのか、それは周囲の大人に受け入れられるものかどうかなど、いわゆるアイデンティティ確立にむけた端緒となる。

その意味で、全国の小学校で次第に広まりつつある四年生時の「二分の一成人式」は意味が

もちに基づく心理的な綱引きが起き、ライバルを蹴落としてでも親の愛情を独占しようとすることを言います▼118。

同胞葛藤がどうして暗い影を落とすことになるかと言うと、例えば、以下のような状況が想定されるでしょう。

たまたま何かのきっかけで母親から叱られたとします。これは家庭生活の中では双方にとっては日常茶飯事のはずですが、それと前後して、母親が弟や妹（あるいは兄や姉）にはとても優しく、愛情たっぷりに接している姿を目の当たりにすることが続くと、同胞葛藤がマイナスの方向に刺激され、「弟や妹だけを優しくかわいがっているということは、お母さんは、もしかしたらボクのことがかわいくないのではないか……」、あるいは「お母さんはボクのことが嫌いなのではないか……」と半ば無意識に想像してしまいます。実際にはそんなはずはないのですが、幼い子どもの体験に即して忖度《そんたく》すれば、そうした悪寒《おかん》を催すような空想は十分あり得ます。

そんな出来事が続いて、疑問が疑惑として燻《くすぶ》り始めると、かつてやはり母親に叱られた際、母親から「お前はもううちの子ではありません」「お前なんか知らないから出て行きなさい」、ひどい場合

大きい。ともすればこれまで育ててくれた親への感謝が儀礼的に強調（強要？）されがちだが、本来であれば、一〇年もの間、何はともあれ健康に生き延びてきたことを、まずは周囲から子どもたち自身が祝福されるべきである。

ただし、ネガティブな家族ロマンスを抱えたままの子どもへのリアルタイムな配慮として、保護者の協力と時間をかけたていねいな準備が不可欠であろう。

▼118
兄や姉にとっては、幼い弟、妹に親の愛情が注がれているのを目の当たりにすると、嫉妬心から退行的な振る舞いを見せることがある。一方、弟や妹にとっての兄や姉は、知識や体格

には「お前なんか産んだ覚えはない」などと面罵され、拒絶されたことをふと思い出すのです。

夜、家の中から締め出された幼い子どもが玄関のドアをバンバン叩いて、「お母さ〜ん、許してくださ〜い、いい子になりますからぁ〜！」と号泣しながら死に物狂いで命乞いしている光景は珍しいことではありません。

すっかり忘れていたそんなことまで思い出してしまうと、疑問や疑惑に基づく子どものネガティブな空想は、急転直下、「そうか、ボクはこの家の本当の子どもじゃないのかもしれない」という結論に行き着くのです。

そうした空想は、捨て子空想、あるいは、もらい子空想▼119と呼ばれます。事実、かつて母親から「お前はうちの子ではない」「産んだ覚えはない」などと言われたわけですから、その空想は、もはやほとんど確信となって得心が行くのです。

そして、ある日、それを確かめるために、幼い心の中のなけなしの勇気を振り絞り、自分自身の存在証明を懸けて、決然と母親に尋ねてみるのです、「お母さん、ボクはこの家の本当の子どもなの？」

では対等にはなれない存在であり、あるいはまた、自分には兄や姉のお下がりばかりをあてがわれるといった不満を持て余す。

こうした同胞葛藤は、同胞の誕生以前の母親の妊娠期間中から認められることもある。また、家庭外での社会生活においても、組織の中でのライバル関係が、この同胞葛藤を下敷きにして体験されることもある。

▼119
それまでは絶対的な権威として存在していた両親像が、本人の成長に伴って少しずつ修正を加えられる過程で生じる空想のひとつ。

自分は捨て子、あるいはこの家にもらわれてきた子で、自分の両親は本当の両親ではないとと。あるいは、「お母さんはボクの本当のお母さんなの？」と。幼い子どもにとっては清水の舞台から飛び降りるようなものです。

ところが、子どもの心の中にある疑問や空想の移ろいを、当の母親はもちろん知るわけがありません。子どもは、母親の機嫌のよさそうな頃合いを見計らって尋ねるのですが、それまで機嫌のよかった母親の方は、その瞳に宿した命懸けの愁訴の色を露ほども読みとることができません。それどころか、出し抜けに突きつけられたそのような質問に対して、「この子ったら、一体何を言い出すのかしら？」と一瞬ギョッとして、夫に対する自らの貞潔を改めて確認しつつ、しかし、悪乗りするのが好きな母親が、微かに兆したその惑乱の影を掻き消そうと冗談めかして、「……実を言うとね、お前は〇〇川の橋の下から拾って来たんだよ」などと答えたら、たいへんなことになります。

「やっぱりそうだったのか……」と強く確信して凍りつき、もはや微塵も疑わない子どもにとっての衝撃は想像を絶するものでしょう。

今まで母親だと信じていた目の前にいる母親が本当の母親ではなかったという衝撃、そして、どこにいるとも知れない本当の母親は

いった物語を伴う空想のこと。

この自分を橋の下に捨てたのだという衝撃、この二重の衝撃は、幼い子どもにとって立ち直れそうにないほど激甚なものと言えます。やがて『母をたずねて三千里』の旅を自ら始めることになるかもしれません。あとになっていくら冗談だったと取り繕っても、幼い心が無傷のままでいられるとは思えません。

ところが、そのうち思春期を迎える頃になると、たいてい、誰がどう見ても両親のいずれかに顔が似ていることが火を見るよりも明らかとなり、家族の歴史の中で自分自身のルーツや来歴を探ろうとする問題意識そのものがなくなるとともに、そうしたとんでもない空想は雲散霧消します。

そして、その代わり、第二反抗期における両親に対するやり場のない不快感や反発から、「自分なんてこんな家に生まれて来なければよかったのに……」「よその家に生まれたかった」などと、今度は自分自身の来歴を恨めしく、疎ましく思うようになるのです。

こうした右往左往、あるいは七転八倒するようなプロセスを何とか通過することも、アイデンティティの確立に向けた準備として重要な意義を持つものと考えられます。

子どもにとっての親はいつまでたっても親であり、親にとっての子どもはいつまでたっても子どもなのですが、親子としてそれぞれの人生を共有し、家族であることを改めて確認するための悲喜こもごものドタバタ劇には、このような一面も含まれることでしょう。親も子も、みんな生きるのに必死なのです。

2 第二反抗期と心理的離乳

よく知られたことですが、自我の芽生えを前提に、親に対して反抗的な行動を見せ始める二〜四歳頃の時期を反抗期▼120と呼び、しばらくのインターバルを挟んで、思春期になって再び反抗的な態度や行動を見せるようになる時期を第二反抗期と呼びます。

しかしながら、いずれの反抗期も、「反抗」という言葉はいささか大人の側の都合に偏った命名と言わざるを得ません。そこには、子どもたるもの、素直で従順に大人の言うことを聞き入れるべきなのに、大人に対して反抗するとは一体何事か、という、悪く言えば、権威的かつ管理的な上から目線を連想させる、一方的な大人の側の

▼120
反抗期の出現の背景には、子どもの自我の発達がある。運動機能や言語機能の拡張とも相俟って、自らの意志に基づいて何でもやろうとすることで、時に周囲の大人と衝突する。

いわゆる発達障害の下位分類に「反抗挑戦性障害」と呼ばれるものがあるが、ここで述べている反抗期とは水準が異なるも

都合が見え隠れしているかのようです。[121]

中立的とは言えないまでも、子どもの側からの命名を試みるなら、「自己主張期」と呼ぶのがふさわしいのではないでしょうか。子どもの、子どもにとっては真っ当な「自己主張」が、平穏無事をよしとする大人の目線からはけしからん「反抗」と映るだけのことです。ただし、本書では慣例に従い、一応、第二反抗期という言葉を使うことにします。ちなみに英語では、“negativistic age”、“rebellious phase”、“period of negativism”、“age of resistance”など複数あり、多義的な概念であることを暗示しています。

さて、その第二反抗期は、心理的離乳と表裏一体をなすものと理解されます。[122]それまで信頼と愛着の対象だった両親からの精神的な自律を目論み、乳児の頃から強く結ばれていた心理的な絆を断ち切ってでも、独自の生き方を模索し始める契機となります。

具体的には、通常、親や教師、あるいは権威的な存在（例えば、いわゆる非行少年にとっての警察官など）に対する嫌悪、不信、苛立ち、批判、攻撃、こき下ろしなどとして表現されます。あるいはまた、潔癖なまでの正義感や倫理感でもって、ここぞとばかりに大人

のである。

▼121　因習や権威への固執、弱者に対する懲罰的攻撃傾向を基調とする性格類型は、「権威主義的パーソナリティ」と呼ばれることがある。偏見や迷信、差別、ステレオタイプな認知などを説明する概念として援用される。

▼122　心理的離乳は、情緒的自律性の獲得のプロセスと理解され、その中で第二反抗期は必然的に生じるものである。

の矛盾や不正、欺瞞《ぎまん》、些細なミスなどを、容赦なく徹底的に批判、糾弾します。▼123 さらには、まだ嘴《くちばし》が黄色い独自の理論を大上段から振りかざし、輝かしくかけがえのない個を主張してやみません。

幼児期の反抗期に比べれば語彙も増え、なまじ弁が立つ分、受けて立つ大人もしばしば、たじたじです。

大人の矛盾は、その大人自身が実は自覚できていて、矛盾を承知の上で、やむにやまれず、あえて清濁《せいだく》併《あわ》せ呑《の》んで目を瞑っているという場合もありますので、その点をものの見事に一刀両断されると、二の句が継げなくなってしまいます。その際の「お前も大人になれば、いつかきっと、わかる時が来るよ……」といった大人の苦し紛れの捨てゼリフは、思春期の子どもにとっては、これ以上ないくらい空々しく聞こえることでしょう。

本来なら、思春期の子どもの前で威風堂々と正義を体現して見せてやることこそ、大人（特に父親）の役目のはずだと重々わかっていながら、そんな無様なセリフしか吐けないなんて、「こっちだって、本当はつらいんだ！」と叫びたくもなりますが、ぐっと我慢するしかありません。叫んでみたところで、さらにみじめになること

▼123
道徳性の発達が前提となる。道徳性は、次の三点から規定されることがある。すなわち、意図的であること、義務感に対する反応であること、その義務感はある理想に対する反応であること、の三点である。
その理想は、こうありたいという「理想自己」を形成するが、同時に「現実自己」との葛藤を孕んでもいる。思春期の第二反抗期は、そうした観点からも理解される必要があろう。

請け合いです。

反面、特に息子と父親の場合では、ろくに口を利かない、話しかけられても返事をしない、目を合わさない、同じ部屋にいないといった、コミュニケーションや関係性そのものを拒絶する、いわば消極的な反抗の仕方が選ばれることも少なくないでしょう。思春期の男子にとっては、父親ほど鬱陶しい存在はないと感じられるのが一般的です。

いずれにしても、親にとっては、文句を言われるか、無視されるかのいずれかですので、おもしろいはずはありません。それでいて、買ってほしいものがある時だけは、歓心を買うようにすり寄って来るのですから、子どもと言えば子どもです。

もちろん、駄目なものは何が何でも駄目と断固とした態度で律することは大人の責任でもありますし、それがなぜ駄目なのかもていねいに説明しなければなりません。しかし、法に触れたり、暴力を伴ったり、あるいは第三者に害が及んだりするものでない限り、原則としては、思春期の反抗を真に受けてしまっては元も子もありません。

たとえ理不尽であっても、多少不愉快に感じられるとしても、そんな思春期と本気で対決してしまう大人は、大人気ないと言わざるを得ません。あるいは野暮と言うべきでしょうか。胸を貸すつもりで言われてあげる（「言わせてあげる」のではなく「言われてあげる」のです）、かつまた、拒絶しようとしている関係性を無理強いせず、一時撤退して静かに見守るくらいの鷹揚《おうよう》さがほしいものです。▼124

ところが、親や教師というものはどうしてもメンツにこだわってしまうところがありますので、「親として」「教師として」という役割意識からなかなか降りられません。そのため、気持ちに余裕がない時や疲れている時などは、ついカッとなって権威でねじ伏せたくなります。

しかし、そうするとほぼ間違いなく火に油を注ぐ結果になり、のちのちの関係に禍根を残すことになりかねません。彼らが最も嫌悪する存在は、そのように高圧的に権威を振りかざす大人に他ならないからです。

第二反抗期と表裏をなす心理的離乳は、若干やはり図式的ですが、以下のような、三段階が想定されます。

▼124　親をはじめとした養育者が子どもを育てる際にとる態度や行動を「養育態度」と呼び、一九三〇年代から研究が行われてきた。

古典的なモデルの一例は、子どもに対する「受容的（愛情）―拒否的（敵意）」態度、そして子どもの行動に対する「自律的（自由）―統制的（制限）」態度のふたつの軸によって、四類型に分けるものである。すなわち、共同的・民主的養育タイプ（受容的・自律的）、無関心・放任的養育タイプ（拒否的・自律的）、支配的・独裁的養育タイプ（拒否的・統制的）、過保護・過干渉的養育タイプ（受容的・統制的）である。

一方、親から子へという一方

ただし、心理学におけるこのような段階論はおしなべて、階段を上るように、あるいは、小学校を卒業して中学校に入学するように、次の段階に移行すれば、それまでの段階から完全に脱却できるというものではありません。リニアな移行、すなわち、一様で直線的な移行ではなく、スパイラルな推移、すなわち、回り道をしながら、行きつ戻りつしながら「三歩進んで二歩下がる」的に少しずつ変化を遂げていくものと理解されます。

まずは、反抗を重ねることで親から心理的に距離をとろうとする段階、まさにこれが第二反抗期であり、親離れを模索し始める時期です。親と一緒にお風呂に入らなくなることは第二反抗期とは直接繋がらないとは思いますが、第二次性徴の発現も影響し、多くの子どもは、およそ小学校高学年頃からひとりで入浴するようになるものでしょう。このことと時期はほぼ重なると言っていいと思います。

ごく稀に、高校を卒業するまで家族全員で一緒にお風呂に入っていたと証言する人がいますが、極めてレアなケースと言えます。よほど密着度の高い家族だったか、よほど広いお風呂場だったのでしょう。

向的影響関係のみならず、子から親への影響も視野に入れる双方向的な親子の「相互作用」という観点からは、親の養育態度に加えて、子どもの気質や出生時の状態、性別、出生順位、発達のあり方など、子どもの側の要因も考慮に入れる必要性が指摘されている。

さらには、夫婦関係や経済状態、家庭外からのサポートの有無、親自身のパーソナリティや生育歴など、親の養育態度にまつわる多くの規定因が想定されている。

この、なかなか出口の見えなかった第二反抗期の長いトンネルを抜けると、次の段階では親子関係の質的な変化が認められ、それまでいわばタテの関係だった親子が次第にヨコの関係に転じ、親とほぼ対等な関係が意識されるようになることが期待されます▼125。

そして、自分の親を客観視し、対等な別人格としての親の考えに冷静に耳を傾けつつ、親とは違う自分独自の考えを語るという、いわば大人の会話が次第にできるようになっていきます。

第二反抗期の長いトンネルを抜けたあと、子どもは自分の親を再発見すると言っても過言ではないでしょう。この段階に至ってようやく、親は「この子もずいぶんと大人になったなぁ」と感慨を深めることができるようになるのです。

ただし、長いトンネルを抜けた先で、子どもから再発見される親がどのような人間として子どもの眼前に立ち現れるかは、その親自身がかつて第二反抗期を脱する時点で、自らの親をどのような人間として再発見し、どのような「和解」を果たしたか、あるいは果たさなかったかによって、そのあり方が決定されるであろうことは、たいへん興味深い点です。そこにある種の反復や連続性が認められ

▼125　本書の冒頭で紹介した「大人の部分・子どもの部分」についての中学生の回答の中に「親の身長を超えた」というものがあったが、親と向き合う際の視線がまさに「タテからヨコ」に転じる契機であろう。

る場合があることを、心理学では「世代間伝達▼126」と呼びます。

最後の段階では、親によるさまざま影響から完全に自立し、一個人としての、親とは異なる独自の人生観や価値観、人間観を確立するようになります。

この段階に至って初めて、親離れが完全に達成されたと言えそうですが、日本の親、それも特に母親は得てして子離れが苦手とされますので、子どもが親離れを達成したあと、今度は親が子どもに依存してしまうという逆転が起こり、親の方がなかなか子離れできないという場合もあるかもしれません。そのことについては改めて後述します。▼127

3　親子関係の諸相

本項でも親子の姿をさらに詳しく見ていきましょう。

第2章でも確認した通り、思春期は子どもから大人への移行期であり、子どもでもあるし大人でもある、子どもでもないし大人でもないという中途半端さが特徴です。「まだ子どもなんだから」や

▼126

家族成員が持つそれぞれの発達上の経験が、次の世代に直接、あるいは間接に伝達、継承され、それがそれぞれの世代の家族成員に内在化される。

こうした観点は、その子を理解するには親との関係は言うに及ばず、親自身の、その親との関係が多かれ少なかれ、陰に陽に影響を及ぼしているといった発想を導く。思春期における本人の問題のみを切り取って論じるだけでは、十分な理解とは呼べないことのひとつの根拠がここにある。

世代間伝達についての最も極端な例は、虐待についての捉え方で、我が子を虐待する親は、その親自身が実は虐待されて育った可能性が極めて高いこと

「もう大人なんだから」といった言い草は、子ども自身も周囲の大人もその時々の都合で見事に使い分けます。

子ども本人が「自分はまだ子どもなんだから」と言えば、甘えや保身、言い逃れに受け取られかねませんし、その子どもが今度は「もう大人なんだから」と言うと、一生懸命背伸びしようとしているように聞こえます。

大人の方も大人の都合で、背伸びしようとする子どもの、ハラハラさせられるような危なっかしさに「まだ子どもなんだから」と太い釘を刺そうとしますし、逆に、子どもの未熟な部分に業を煮やせば、自立や自律を促そうと「もう大人なんだから」とせっかちに発破をかけることになるでしょう。どっちもどっちです。

その「まだ子ども」と「もう大人」を言い換えると、「親に依存した子ども」と「親から独立した大人」ということになります。その両方でありつつ、どちらでもないという中途半端さが深刻な葛藤を孕むのは、親に依存しながら親からの独立を果たしていかなければならないという矛盾があるからです。そこには当然、限界もあります。そして、思春期の子どもの成長に伴うこの矛盾や限界には、

が言われている。虐待そのものは決して容認されるべきものではないが、支援という視点から言えば、虐待する親をただ指弾するだけではなく、つい手が出てしまう親の側の苦悩やその来歴も広く理解される必要がある。

虐待以外にも、自殺、アルコール依存、離婚などについても世代間で繰り返される事例が見出されている。

▼127
動物学・生物学の知見から、哺乳類は就巣性と離巣性の二種に分類されることがある。前者は、ネズミやリスなどの進化論的に下等とされる種が該当し、妊娠期間が比較的短めで、一度に生まれる個体数が多く、出生時には極めて未成熟で自力で移

「まだ子ども」と「もう大人」をある意味で器用に使い分けながら、親の側も耐えていく必要があるでしょう。

一方の親も親で、子どもが幼い頃は「這えば立て、立てば歩めの親心」だったのに、子どもの第二反抗期にほとほと手を焼くと、「あの頃はかわいかったのに」と「古き良き時代」をノスタルジックに回顧、反芻しては嘆息するのですから、これを矛盾と呼ばずして何と呼ぶのでしょう。親も子も矛盾だらけです【→コラム８】。

そのような便利な「まだ子ども」と「もう大人」をそこそこ使い分けつつ、しかし一方で、異性の子ども、すなわち父親にとっての娘や母親にとっての息子の性的な成熟に対する戸惑いを持て余すのも、思春期の子どもに対する親の側のデリケートな心情です。同性の子どもであれば、かつて自分も辿って来た道のりですので一定以上の共感が可能でしょうが、異性の子どもの、ドキッとさせられるような成熟途上の姿を一瞬でも見せつけられるだけで、ハラハラ、オロオロと周章狼狽《しゅうしょうろうばい》し、決して平穏ではいられないのが普通の親ではないでしょうか。

両親の双方が、それぞれ独自に確立された男性性、女性性をいか

動することができない。一方、後者は、長い妊娠期間を経て生まれてくる個体数は少なく、大脳も発達しており、出生後すぐに自力で移動することができる種で、ウマやシカ、アザラシなどが挙げられる。その分類に倣えば、霊長類の多くは後者、すなわち離巣性の特徴を持っている。

ところが、進化論的に最も高等とされるヒトの場合、感覚器官は発達しているものの、運動能力はほとんど無力であるため、二次的就巣性という特殊な位置づけがなされる。こうした進化論的な矛盾を説明するのが、「生理的早産」という仮説である。

ヒトの場合、進化の過程で直立二足歩行に移行する際、骨盤の形態が変化し、産道が縮小したことで、頭部の大きい胎児を

に受け入れ体現しているかは、子どもがどのような男性、女性に育っていくかということと無関係ではないと考えられますので、[128]異性の子どもが見せる一瞬の姿が自分の配偶者を嫌でも連想させるものになるといった事態も否定できません。

異性の子どもと自分の配偶者とが二重写しに見えてしまうことを喜ぶか、嘆くか、あるいは無関心を決め込むかは、配偶者との関係や異性の子どもとの関係のよりどころとなる各々の「異性観[129]」の問題であり、思春期以降の親子関係を理解する上ではたいへん興味深いところです。

出産するために、本来ならあと一年くらいは母体内で発育すべきところを早めに出産するようになったという仮説である。

そうした生物学的に無力の状態で生まれ、母親をはじめとした養育者の献身的育児が不可欠な状態を「絶対的依存」と呼び、必然的に母子関係が長期化するひとつの遠因として理解される。

▼128
ここにも世代間伝達を見て取ることができる。

▼129
やはり世代間伝達の観点から言うなら、それぞれの異性観には異性の親との関係性が多少なりとも反映していると考えるべきである。

【コラム８】人間の矛盾や限界、そして思春期

矛盾や限界を抱え続ける人間、欠点や弱さを持った失敗する人間、絶えず悩んだり迷ったりして完璧ではあり得ないただの人間として手本になれるかどうかは、大人が思春期の子どもと関係を切り結んでいく上でとても重要な点ではないでしょうか。

メンツにこだわる親や教師は、親として、あるいは教師として、という役割意識からなかなか降りられずに、その役割意識に由来する義務感と責任感とに突き動かされ、ややもすると、いわば高いところで手本になろうとします。それなりに成功を収め、悲喜こもごもの自分の人生にそれなりに満足できている大人は、ひとつのモデルとして、ついつい高いところから、同じくらいの高さまで子どもを導きたくなります。

得てして、校長先生のお話がいつも長くなりがちなのは全国共通でしょう。世界標準かもしれません。また、お説教の上手な先生ほど保護者の受けがよかったり、出世が早かったりするのも世の常でしょうか。

しかしながら、まさに上から目線で、高いところから導こうとする説教臭い大人を最も嫌悪するのが、他でもない思春期です。彼らは彼らなりに、しっかりと大人を見ています。「お前のためを思って言っているんだぞ」という大人の言葉が、本当に自分のためを思って言ってくれているのか、それとも、単なる自己保身のため、つまり、そうしてもらわないと大人自身が困るから言っているだけなのか、その導きの虚々実々をものの見事に嗅ぎ分けるのが思春期なのです。

　反面、第二反抗期における反抗的な態度の裏側では、第4章で見た通り、低い自尊感情が燻っています。矛盾や限界を抱えた完璧ではあり得ない存在として、大人が自らの失敗や過ちを隠さず、誤魔化さず、逃げずに、その不完全な姿を晒すことを厭わない誠実さや率直さが、逆説的ではありますが、彼らの自尊感情を支えることもあるのだと思います。

　メンツにこだわり続けるなら、そこまで「降りていく」のは難しいと感じられるかもしれません。しかしながら、私たち大人にも身に覚えのあることとして、作為や衒《てら》い、外連味《けれんみ》、わざとらしさなどが一切感じられない相手の、不器用なまでの愚直で潔い言動を目の当たりにして、「あぁ、この人には嘘がないな……」と思えた瞬間、この直感はいわば動物的、本能的なものでしょうが、そんな時、「この人のことを全面的に信じてみよう」という勇気が湧いてくるものです。

4　いわゆる「川の字文化」について

　第4章のアイデンティティの項で触れた欧米型の個人主義が日本でなかなか育ちにくい文化的な背景として、「和を以て貴しとなす」という聖徳太子の時代から尊ばれてきたメンタリティの他に、しばしば指摘されているのが、いわゆる「川の字文化」と呼ばれる家族の睡眠事情です。

すなわち、欧米では子どもが幼い頃から両親の寝室とは別の子ども部屋を与えられ、ひとりで寝ることが当然視されているのに対して、「うさぎ小屋」とも揶揄《やゆ》される国土の狭い我が国特有の住宅事情から、日本の家庭では、家族が同じ部屋で「川の字」になって寝ているため、欧米のようには個人主義が育ちにくいとする比較文化論▼130があります。

本項では、そのような「就寝形態論」や「寝室配分」「添い寝▼131」といった用語で呼ばれる親子の一側面について確認してみましょう。

家族社会学という学問領域が明らかにした注目すべき事実は、我が国では、部屋数に余裕がある世帯においてさえも、あえて親子が同じ部屋で一緒に寝ているという事実でした。したがって、「うさぎ小屋」といった物理的な住宅事情とは次元の異なる文化的な要因がありそうです。

一方、育児書の国際比較の研究によれば、欧米の育児書では、部屋数に余裕がない世帯であっても、ひとつの部屋を仕切ってまで夫婦と子どもは別々のスペースで寝ることが推奨されているそうです。その上、たとえ子どもが部屋で子どもが泣き出したとしても、就寝時

▼130 文化的事象を異文化間で多角的に比較、検討する学際的な学問領域。比較した結果として、日本文化の実相を改めて浮き彫りにすることも含まれる。

▼131 「共寝《ともね》」とも言い、英語では“co-sleeping”や“bed-sharing”があてられる。

刻を過ぎていれば放っておくように勧められているとのことで、日本人の感覚からすると、それではあまりにも子どもが可哀そうだと思わずにはいられません。

もちろん、欧米の子ども部屋には「ベビーモニター」と呼ばれるカメラ装置が設置されていて、非常時や不測の事態に際しては夫婦の寝室からそれを察知できますので、子ども部屋の様子が一晩中、両親の注意から隔絶されているわけではありません。

それにしても、そんな装置に費用を投じてまで別々の部屋で寝たいか、という素朴な問いは措《お》くとして、これらをまとめるなら、日本では、少なくとも子どもが幼いうちは、親子、特に母子間の養育的関係性▼[132]の絶え間ない維持が昼夜を問わず何よりも優先▼[133]されるのに対して、親子が別々の部屋で寝る欧米では、たとえ子どもが幼いうちであっても、親子間においては対等な個人としてのプライバシーや権利が重視されるとともに、夫婦生活のための時間的、空間的確保がいわば保障されていると言えるでしょう▼[134]。

また、宗教的観点から確認すると、既に簡単に触れた通り、一神教のキリスト教では、唯一絶対の神と真摯に対峙するためには、た

▼132

乳児期から認められる特定の対象に対する緊密な情緒的結びつきを「愛着（アタッチメント）」と呼ぶ。

愛着を示す具体的な行動が「愛着行動」で、以下の三つのカテゴリーに分類される。すなわち、発信行動（泣く、微笑、発声など）、定位行動（注視、後追い、接近など）、能動的身体接触行動（よじ登り、抱きつき、しがみつきなど）である。

愛着行動はアカゲザルでも観察されることを示した代理母（針金の母親と布の母親）の実験は特に有名。

そうした愛着の裏返しとして、生後八カ月頃から認められる「人見知り」（見知らぬ人への恐怖・不安）がある。これは、母

とえ同じ屋根の下で暮らす親子であっても、それぞれが徹頭徹尾、唯一無二の個人であり続ける必要があるのだろうと理解できます。

唯一絶対の神に対峙する唯一無二の個人――この峻厳《しゅんげん》なまでの真摯な緊張感は、お正月に神社へ初詣に出かけ、夏には七夕の短冊に願いごとをしたため、クリスマスやバレンタイン・デーを楽しんだ挙句、死ねばみんな仏になるという、八百万《やおよろず》の神▼135がひしめき合う日本人の多神教的世界においては、およそあり得ないものでしょう。

また、その峻厳さや真摯さとは対極に位置づけられるかもしれない日本の微笑ましい特徴としては、子どもの誕生以後、やがて夫婦が互いを「お父さん（パパ）」「お母さん（ママ）」と呼び合うことが挙げられます。その場に子どもがいない時でも、さらに子どもが思春期を過ぎてそれなりの年齢に達したのちでさえ、親であるはずのない自分の配偶者を、あたかも自分の親であるかのように「お父さん」「お母さん」と呼び合う日本の夫婦は、欧米人には奇っ怪に映るかもしれません。

しかし、日本人はそうやってそれぞれが配偶者の前で子どもの目線まで降りていくことを通して、あるいは子どもの目線を引き受け

親とそれ以外の人とを区別することができる、すなわち記憶が発達している証拠と見なされる。

▼133
我が国がしばしば「母性社会」と指摘される所以でもある。第5章のコラムで言及した「友だち親子」は、母性社会におけるそのような養育的関係性のある種の延長と位置づけることが可能であろう。

▼134
夫婦関係を優先すると同時に、子どもに独立心を植えつけるという明確な文化的規範が欧米にはある。

▼135
森羅万象すべてに神性が宿る

続けることによって、つまり、自分にとっての「夫」や「妻」ではなく、子どもにとっての「お父さん」や「お母さん」と呼び合うことで、あくまでも子どもを中心に据えた家庭の風土を日々、強化、醸成していると思われます。

そのことは同時に、両親が性的に繋がった一対の男女でもあるという、もう一方の生々しい事実を、子どもの前ではほどよくぼかすことに成功しているとも言えるでしょう。つまり、日本の子どもは、たとえ夜中に目が覚めたとしても、すぐ横で両親が冷凍マグロのように寝ている姿を見ることができるわけですから、幼いうちから自分の寝室を与えられた欧米の子どものように、両親の寝室の中で何が行われているのかについて空想をめぐらす余地はないのでしょう。

だからこそ、洋画などでしばしば見かける、半裸の状態の両親がダブルベッドで横たわっている夫婦の寝室に、人形を抱えた幼い子どもが「おやすみなさい」や「おはよう」を言うために顔を覗かせるといったシーンは、特に思春期の子どもと一緒に見ている時には、日本の親たちをひどく居心地の悪い思いにさせるのです。▼136

このような寝室にまつわる文化的な特徴からも、欧米に比べるな

とする古代日本の神性性を象徴する言葉。

▼136
こうしたことは、子どもを持つ日本の夫婦において、その関係性が次第にいわば中性化してしまう背景としても指摘できる。

ら日本において個人主義が育ちにくかったり、親子の絆が強過ぎて、互いの分離（特に親の側の子離れ）がスムーズにいかなかったりする遠因を読み取ることができます。

5 思春期の子どもを持つ親自身の問題

そこで改めて、思春期の子どもを理解する上で、思春期の子どもを持つ親の側についても理解の範囲を広げたいと思います。

普段から児童・生徒を相手に多忙を極めている小中学校の先生方にとっては、意外と見えにくい面が含まれていることでしょう。あるいは、厄介な保護者対応にご苦労されている中で、打開のきっかけになり得る断片が含まれているかもしれません。また、思春期の子どもに手を焼いている親御さんたちにとっても、我が身を振り返り、子どもとの関係性をリセットする契機になるのではないでしょうか。

まず、思春期の子どもを持つ親の年代に着目してみましょう。具体的な数字を挙げるまでもなく、二〇歳前後で子どもを授かった若い夫婦を例外とするなら、むしろ、昨今は晩婚化の傾向にありますので、思春期の子どもを持つ親の年代は中年期にほぼ相当するとみなしていいでしょう。例によって厳密な線引きはできませんが、およそ四〇歳頃から六〇歳代前半を心理学では中年期と呼びます▼[137]。ところが、その中年期が問題なのです。

　人間の一生を日の出から日没までと仮定し、ある年代が一日の中でだいたい何時頃に相当するかを考えた場合、心理学では、中年期は「人生の午後三時」などと呼ばれることがあります。なかなか当を得た比喩だと思うのですが、完全に黄昏《たそがれ》てしまっているわけではないけれども、しかし、一日のうちで最も陽の高い時間帯は過ぎていて、あと何時間かで間違いなく日が暮れるという時刻です。そして、日が暮れてしまえば、もはや次の日は二度と来ないのです。

　若い時期には想像することさえなかったのに、この中年期に入ると、自分の老いや衰え、そして死▼[138]というものを少しずつ、しかし確実に意識し始めることになります。過ぎ去った時間の方が比べようもないほどはるかに長く、もはや残されている時間はあとわずかしかないと考えると、荒涼とした寂莫《せきばく》感や悲愴感が嫌でもよぎります。

▼137
　我が国の「高年齢者雇用安定法」に従うなら、法律的には四五歳以上六五歳未満に相当する。

▼138
　自らの死を受容していく心理の変遷には、例えば、「否認」（何かの間違いではないかと医療機関を転々とする）、「怒り」（なぜ自分だけが、と腹を立てる）、「取り引き」（死を受け入れる代わりに望みを叶えてほしいと願う）、「抑うつ」（この世を去ることを哀しむ）、「受容」（運命に身を任せる）の五段階が提唱されている。

季節でさらに喩えるなら、春や夏ではなく、晩秋から初冬にかけての木枯らしが吹き荒ぶ午後三時です。

しかし、繰り返しますが、まだ完全に黄昏てしまっているわけではありませんので、これは、移行期としての思春期を説明した際の「どっちでもあるし、どっちでもない」という中途半端さと似ているると言えるでしょう。自分はもう決して若くはない、そのことは認めざるを得ないが、しかし、まだ完全に朽ち果ててしまったわけでもないという中途半端さです。

「うかうかしていると最終便に乗り遅れてしまうのではないか」「遣り残したことがたくさんあるのに」「いや、走ればまだ間に合うかもしれない」といった、居ても立ってもいられないようなジリジリとした焦燥感は、その中途半端さに由来するものでしょう。その最終便がどこに向かって出発しようとしているのか、その到着した先で何が待っているのかは人それぞれでしょうが、いずれにせよ、多かれ少なかれ、中年と呼ばれる年代の人々は、そうした「午後三時な焦り」を持て余していると言っていいと思います。

午後三時な焦りによって儚くギラつく微かな乱反射は、消え入る直前の線香花火を連想させます。

そのような焦燥感がピンと来ない、まだ午前中を生きている若い世代にとっては、「いい歳をしたオッサン、オバチャンが年甲斐もなく、何を今さら……」と滑稽に映るでしょうが、あるいは甚だ見苦しいと感じられるでしょうが、本人たちにとっては極めて切実なのです。その切実さは理解されてもいいでしょう。特に中年女性の常套句、「女としてもう一度輝きたい」といった言葉は笑ってはいけないのです。

中途半端であるということから、やはりそこには矛盾に満ちた危機的要素が孕まれていると考えるべきなのは、思春期の場合と全く同じです。

仕事を持つ人に関して一般的な言い方をすれば、表向きは、それなりに社会的重責を背負い、当然、二〇代や三〇代の頃に比べれば収入もそこそこ増え、それでもまだまだ家族を養うためにバリバリ働く、「脂の乗り切った働き盛り」▼139などと持ち上げられることがあります。住宅ローンがまだ残っていたり、子どもの教育費がウナギ登りだったりしますので、バリバリ働き続けないわけにはいかない

▼139　働き盛りと呼ばれる人の多くは、中間管理職として上司や部下の間で板挟みに遭いやすい。その一方で、ＩＴ化やグローバル化の波が押し寄せる中、パソコンなどのＩＴ機器や英語に不慣れだと、会社組織の中で疎外感や孤立感を強めることになりかねない。

のです。

しかしその一方で、髪の毛が次第に白くなったり薄くなったり、お腹がぽっこり出てきたり、あるいは、定期健康診断ではだんだんデータが悪くなっていったりして、あちこちに老いや衰えの兆しというものが着実に迫ってきてもいるのです。そのような身体機能の衰退は、誰よりも本人がいちばんよくわかっています。▼140

中学、高校時代の同窓会などに久しぶりに顔を出すと、親しかった懐かしい旧友が既に亡くなっていたという事実に驚愕し、「明日は我が身か……」と、誰もが多かれ少なかれ、改めて健康不安▼141に苛まれることになると言っていいでしょう。

また、もはや今以上の出世や昇給は見込めないとなると、よく言われる「先が見えてくる▼142」という境地にいつしか自分自身を見出すことになります。自分の将来に対する否定的認知▼143、すなわち、自分の将来になかなか希望を見出せない心の状態は、うつ病発症のひとつの素地となり得ます【↓コラム9】。うつ病や自殺▼144の問題は、言うまでもなく、中高年世代にとって深刻な問題なのです。

したがって、「脂の乗り切った働き盛り」とは、多くの場合、実

▼140
その一方で、自分の老いや衰えを周囲の人に悟られたくないという秘匿心性が強く働くようになる。

▼141
現時点で健康不安は心理学用語ではないが、健康状態に対する過度の不安は、「全般性不安障害」に発展する可能性がある。

▼142
いわば「時間的展望」の行き詰まり。

▼143
うつ病に特徴的とされる否定的認知には以下の三つの側面がある。すなわち、自分自身、環境（周囲との人間関係）、将来

は、老体に近づきつつある我が身に鞭打って辛うじて維持されているだけの危うい姿と言っても過言ではありません。

　そうした中年期ならではの危機的状況を、心理学では特に「中年期危機」と呼びます。生涯発達心理学におけるいわゆるライフサイクル論▼145において、「危機」と呼ばれる時期は、通常、思春期危機と中年期危機のふたつしかありません。思春期は児童期から成人期への移行期、中年期は成人期から老年期への移行期です。

　そして、たいへん興味深いのは、ある面で、中年期は思春期を生き直すプロセスであるとも言えることです。

　本書ではこれまで思春期について、あるいはその時期におけるさまざまな発達課題について確認してきましたが、例えば、たいていの中学生の場合、時期が来れば、高校受験という現実的な問題に対処することにとりあえずエネルギーのほとんどを注がなければなりません。そのため、それまで悩んだり迷ったりしていた多くの思春期の問題を、完全な解決を見ない形で、あるいは、見切り発車する形で、いわば未解決のまま中途半端に置き去りにして、やむを得ず前に進まざるを得ません。

の三つである。

　自分は何て駄目な人間なのだろうと自分を否定し、そんな自分は周囲の人たちから嫌われている、あるいは必要とされていないと環境を否定し、そして、そうであるならこれから先、生きていてもつらいだけで、いいことは何もないと自分の将来を否定するに至る。

　このような考え方に拘泥していると、「生きていても仕方がない」「いなくなりたい」といった希死念慮の危険が自ずと高まることになる。

▼144

　一九九八年以降の一五年間で、我が国では五〇万人以上が自殺していることになる。

　周知の通り、我が国における

すぐには解決困難なさまざまな問題をとりあえずいったん横に置いておいて、何はともあれ来るべき高校受験に専念する必要があるわけです。そして、高校に進学すれば、新しい環境の中で新しい問題や課題がまたさまざまに生じてきます。

したがって、思春期における心の問題を、ひとつひとつ余すところなくすべてクリアに解決して成人できた人などおよそ想定されません。そのように思春期において未解決のまま置き去りにしてきたさまざまな問題が、二〇年以上の歳月を超えて再び蘇ってくるのが中年期なのです。

第4章で見た通り、アイデンティティの確立に向けた準備が思春期におけるひとつの重要な発達課題でした。そして、思春期を生き直すプロセスと言われる、老年期を前にした中年期においても、再び自分と向き合い、自分と対話しながら自分自身の心の中をじっくりと見つめ直すことによって、自分のあり方や生き方を再編することが迫られるのです。大げさに言えば、自分の人生を総括する準備にそろそろ着手する必要があるわけです。

したがって、自分独自の人生を切り開いていく準備をする思春期

年間の自殺者数は、一九九八年から二〇一一年まで三万人を超え続け、おおよそ三万二～三千人で推移してきた。

年間の数字ではピンと来ないが、三六五日で割るとおよそ一日九〇人となる。毎日、日本中のどこかで九〇人の人が自殺していた計算となり、驚くべき数字と言わざるを得ない。東日本大震災の翌年、二〇一二年以降は三万人を割ったようだが、それでも二万五〇〇〇人以上もの人が自殺している。

これらの数字はどれも警察庁の発表に基づくもので、警察庁の把握していないケースを含めると、実数はもっと大きいと考えられる。統計からは、中高年の男性が最も多いことが知られている。

と、自身の人生の総括を試みる準備をする中年期はパラレルに位置づけられると考えられます[146]。その意味で、女性においては、思春期の初経や第二次性徴発現に匹敵する極めて大きな出来事が、言うまでもなく中年期の閉経であり、かつまた更年期障害であることは、大いに象徴的であると言わざるを得ません。

その女性にとって、特に老いや衰えを自覚せざるを得ない年代にさしかかった際に無関心ではいられないこととして、中高年層を惹きつけてやまない化粧品やサプリメント、健康食品などを扱ういわゆるアンチエイジング産業があります。特に高齢化社会という言葉が当たり前のように喧伝されるようになって以降、隆盛を極めています。そうしたアンチエイジング商品のコマーシャルを目にしない日はないと断言していいくらい、溢れ返っていると言っていいでしょう。もちろん、男性向けの商品もありますが、女性を対象にした商品の方が圧倒的に多いと言っても過言ではないでしょう。

そのようなアンチエイジング商品は、自分の老いや衰えから目を背けようとする「老いの否認」を見事なまでに手伝ってくれています。否認[147]とは、自分にとって都合の悪いことや認めたくないこと、

ちなみに、先進七カ国の中で最も自殺が多い国が日本であり、文化論的には、自死や自決を美化する我が国独特の精神風土が背景にあるのではないかということが指摘されている。

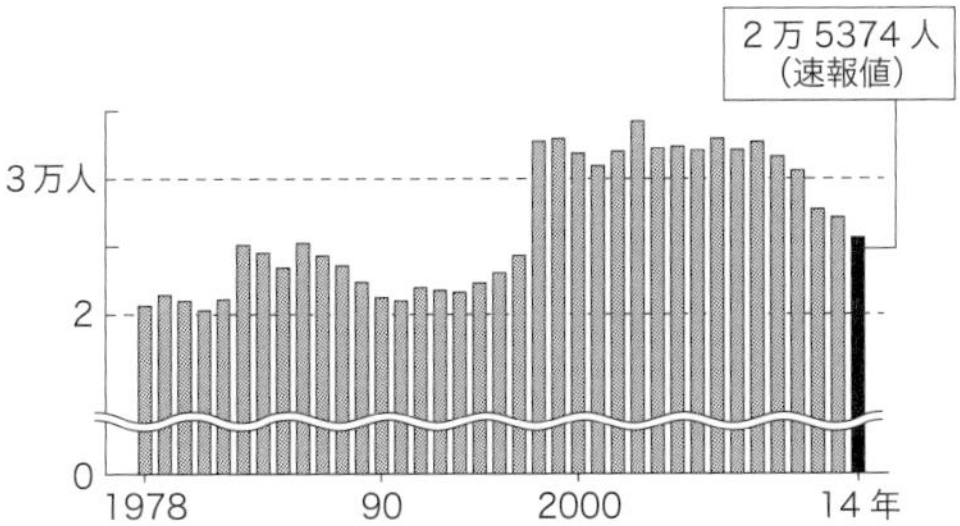

自殺者数の推移（警察庁まとめ）

受け入れ難いことから目を背け、心の隅に追いやり、なかったことにするという心の自然な働きです。女性に限ったことではありませんが、確かに若さを失っていくことや老いさらばえていくこと、朽ち果てていくことはたいへん残酷なことですから、先に述べた「午後三時な焦り」を背景にして、「もう若くない」「いや、まだまだ行けるはず」という矛盾した自己認知には砂を噛むような、それ自体認め難い葛藤を伴っていることは想像に難くありません。そこにアンチエイジング商品の罠がひたひたと忍び寄るのです。

しかしながら、老いや衰えというものは、間違いなく誰にとっても公平にやって来るわけですから、形振《なりふ》り構わず寄る年波《としなみ》を否認するというよりは、本来、受け入れていかなければならないものでしょう。老いの否認は、現実を受容していくことを先送りするだけですので、少なくとも健やかに老いるという目的に適ったことにはなりません。差し当たって先送りに成功したとしても、あとになって付けが回ってくること必定《ひつじょう》です。

ただ、身も蓋もない言い方かもしれませんが、当人たちにおいても、そんなアンチエイジングを謳った商品を使うことで、本当に老

▼145
生物個体における誕生、成長、加齢、老化、そして死という規則的な変化もしくはその期間を対象とする論議のこと。その中で個体は、親へ依存した状態から自立・自律を果たし、次世代の生殖や養育に従事したのち、最終的には死に至る。同時に、家族のあり方や生活スタイルも変化していく。

広く受け入れられているライフサイクルの一般的な分け方は、乳児期、幼児期（まとめて乳幼児期）、児童期（学童期）、思春期・青年期、成人期、中年期、老年期である。

▼146
思春期が獲得、上昇、飛翔だとすれば、中年期以降は喪失、

いや衰えを止めたり遅らせたりすることができるとは誰も思ってはいないはずです。端的に言うなら、そんなものはほんの気休めに過ぎないということを、当人たちは心のどこかで実はわかっているのです。

しかし、それでも、寄る年波に怯える不安に付け込んだ、心に響く甘美なキャッチコピーを一再ならず目にしたり耳にしたりすると、それなりに自由になるお金を持っている年齢でもありましょうから、ついつい食指が動いてしまうということになりかねません。

心の奥底では気休めに過ぎないことがわかっていながら、そうしたアンチエイジング商品に手を出すことで、満更でもないという気にさせられることをあえて選んでしまう▼148、しかし、やがて再び、夢から覚めたように、やはり気休めに過ぎなかったことを再確認しては心が萎え、そのたびに微かに傷ついていく――言うなればそんな心の二重構造の中での葛藤を孕んだ揺れ動きに、特に女性の場合、その性《さが》に根差した女性ならではの生きづらさを見出すことができると言っては、言葉が過ぎるでしょうか。

加齢に伴う生きづらさに男女差などないとも言えますが、しかし、

下降、停滞である。

▼147
誰にでも起こり得るいわゆる「防衛機制」のひとつ。

▼148
第3章の脚注で触れた「躁的防衛」の片鱗を読み取ることもできるだろう。

中年男性には、男性限定のロマンスグレーなどというロマンチックな言葉がふさわしい人もいるわけですから、不公平と言えば不公平かもしれません。

また、中年期を、自分の老いや衰え、そして最終的には自らの死というものを少しずつ意識し始める時期と先に述べましたが、日本は世界一の長寿国でもありますので、中年期に至ったとしても、親がまだ健在という人の方が多いことでしょう。

既に身体機能のあちこちでガタが来始めて、自分の老いや衰え、死を意識せざるを得ない時期なのに、順番で言えば、自分が死ぬよりも先に、まずは親の最期を看取らなければなりませんので、それはそれで大きなストレスとなります。しかも看取る前に長い介護の苦労が待っているとすれば、さらにまたたいへんなストレスを抱えた日々になってしまいます【→コラム10】。

【コラム9】病前性格論

うつ病の病前性格として有名なのが「メランコリー親和型性格」です。病前性格とは、発病した病気と関連があると仮定される、発病前のある種の性格傾向を指します。

「メランコリー親和型性格」とは、秩序志向性、他者配慮性、徹底性という三つの大きなキーワードで説明されていて、具体的には、几帳面、生真面目、完全主義、責任感が強い、秩序重視、凝り性、仕事熱心、周囲への行き届いた気配りなど、通常、職場や家庭で必要とされる「頑張り屋さんのいい人」が多いとされます。

ところが、こうした特徴が裏目に出ると、融通が利かない、手抜きができない、休めないといった状態に陥り、時に大きなストレスを感じ、疲れやすくなります。そして、ストレス、加齢、転勤・転居といった環境の変化、昇進、子どもの自立などを契機に、そうした適応様式が崩れた時にうつ病を発症しやすいと言われています。俗に、真面目な人がうつ病になりやすいと囁かれるのは、あながち根拠のないことではありません。

また、別の有名な病前性格論は、「タイプA行動パターン」と呼ばれるものです。目標達成衝動、競争心、野心、怒り、敵意、攻撃的・敵対的行動、性急さ、時間的切迫感（時間に追われている感じ）といった行動的特徴を示す場合、そうでない人（「タイプB行動パターン」と総称されます）に比べて、狭心症や心筋梗塞などの虚血性心疾患の発症率が有意に高いことがわかっています。

そうした行動的特徴を示す人は、多くの仕事を抱え込み、絶えず時間に追われているため、自ら、知らず知らずのうちに必然的にストレスの多い生活を選びがちになります。先に述べたメランコリー親和型性格と重複する部分があることからもわかる通り、タイプA行動パターンは抑うつを併発する場合が多いことも言われています。

さらに言えば、タイプA、タイプBとは別の文脈で提唱された、がんと親和性の高い性格傾向に「タイプCパーソナリティ」があります（「C」はがんを意味する“cancer”の頭文字）。すなわち、がんの患者に比較的共通する性格傾向として、怒りや悲しみ、不安などのネガティブな感情や自分の欲求を抑え込み、辛抱強く控えめで、自己犠牲的に周囲に自分を合わせようとする傾向が指摘されています。

ただし、注意が必要なのは、いずれの病前性格論においても、あくまでも相関関係のレベルであり、因果関係に言及したものではないということです。つまり、そういう性格傾向の人がその病気に「なりやすい」とは決して表現できないのです。それは、すべてのヘビースモーカーが肺がんになるわけではないのと同様です。

＊

【コラム10】中年期危機の残酷さ

子どもの頃には、大人がとても自由で、立派で、尊敬に値する大きな存在として眩《まぶ》しく見えるもので、多くの子どもが早く大人になりたいと異口同音に言い募ります。

ところが、思春期のいわゆる第二反抗期の時期になると、「大人って、何てずるくて汚いんだろう」と大人に対する反発を強めるようになり、そんなずるくて汚い大人になんかなりたくないと葛藤し、彷徨《さまよ》い始めます。

しかしながら、これまで述べてきたように、大人になるという課題からは誰も逃れることはできませんので、その葛藤はますます深刻なものになります。そうして、彷徨いながら必死に生きていく中で、生き延びる術だけはそれなりに身につけ、気がつけばいつの間にか大人と呼ばれる年齢になっています。

やがて、思春期を生き直すプロセスと言われる中年期を迎える時期になって、中年期危機としての避け難い幾多の課題にかまけている中、思いがけず自分自身を突きつけられ、ふと我が身を冷静に振り返ってみると、実は、他でもないこの自分自身が、誰よりも最もずるくて汚い、邪《よこしま》な存在なのではないかと思わずにはいられない瞬間が訪れるかもしれません。馬齢を重ねることの裏側には、そんな残酷な一面もあり得ることでしょう。

思春期の第二反抗期と対峙して、メンツを保つために表向き何とか体裁を取り繕ってみても、本音本心の部分では、子どもの言い分の方に一理も二理もあることを認めざるを得ない時、取り繕ったメッキがはらはらと音を立てて剥がれ落ちていくことを自ら見届けながら、心の奥底だけで子どもに詫びてみたり、しかしそれでも、本当に仕方がなかったんだと自分に言い聞かせたりするのです。

成長するとか、大人になるということは、切ないものだと思わずにはいられません。

6 家族全体にとっての危機

このようにざっと見ただけでも、思春期の子どもに日々手を焼いている親には、それ以外にもなかなか思い通りにならない数々の問題をそれなりに抱えており、決して安穏としてばかりもいられない一面は、最低限の共感をもって認められるべきだと思います。▼149

一般的なイメージでは、成人すれば成長や発達は止まる、あるいは一定水準を維持したまま、あとは安定飛行がいつまでも続くという誤解があるかもしれません。ところが実際はそうではありません。成人期には成人期の、中年期には中年期に、そして老年期には老年期の発達課題があるはず、というのが生涯発達心理学▼150からの提言なのです。

人の成長は死ぬ瞬間まで続くのですから、人は絶えず変化し続けるというのも、考えてみれば当然のことです。課題が課題として位置づけられるということは、誰にとってもそれが必ずしも容易には達成され得ないものであるという難しさを暗示しています。

▼149　家族心理学や家族療法の用語を借りるなら、家族システムのバージョンアップが求められていると言える。システムとは、本書の趣旨に照らせば、個々の成員の寄せ集めとしての家族集団ではなく、それぞれが互いに影響し合っているシステムとしての家族機能に言及するもので、したがって、この点からも思春期における当事者だけを切り取って論じることが不十分であることがわかる。

▼150　発達にまつわる心理学研究は、

多かれ少なかれ、誰もが未解決な問題と、その解決を困難にしているそれぞれの限界というものを常に抱えていると考えるなら、親も、親としての果てしなく続く発達途上にあると言えるでしょう。逆に言うなら、完成された親など、どこにも存在しないということです。

子どもの自立と自律を見守りつつ、親としての発達も遂げていかなければならないという課題は、「ともに育つ」とも言い換えられるわけですが、それは口で言うほど生易しいものではなく、なかなかシビアだと言わざるを得ません。

親には親の立場というものがあるので、いわゆる世間体を全く意識せずに済んでいる親は皆無です。よそのご家庭の親御さんへの見栄やその裏返しとしての不安が、多かれ少なかれ、親の心の片隅では常に燻り続けているのが普通でしょう。

我が子に対しては「決して間違った育て方はしてこなかったはず」という、ほんのひとにぎりの自負や矜持とは裏腹に、よその親御さんや学校関係者から、「今まで一体どんな育て方をしてきたのか」と指弾されることを絶えず恐れてもいるのです。

児童心理学として誕生し、やがて青年心理学が派生して、それら全体が発達心理学として総括されるようになった。それまでは、人間は成人期を迎えて完成されるという暗黙の「完成された大人観」を前提にしていたが、時代の高齢化と相俟って、成人期以降のどの時期にも発達課題があり、獲得と喪失とがあり、人間は絶えず変化し続けるという人間観や人生観が広く受け入れられるようになった。

しかも、これまで確認してきた通り、中年期の親も中途半端であることによる矛盾や限界を抱えています。子どもからまざまざと見せつけられる第二反抗期に手を焼く反面、次第に必要とされなくなることに寂しさを持て余します。

あるいは、そのような喪失感から、子どもの自立と自律に際して、子どもが巣立ったあと、空っぽになった巣の中でひとり残されて抑うつ状態を呈する「空の巣症候群[151]」といった臨床像も報告されています。この状態には、子育て（だけ）を生き甲斐とし、子どもの成長を見届けることを何よりも人生の満足としてきた親ほど陥りやすいと言えるでしょう。

さらには、早晩、我が子が親の意に沿わない生き方を選択しようとしている事実、あるいはまた、親として見えている子どもの姿よりも、子どもが親の前では決して見せることのない姿の方がはるかに多くなってきているという事実に直面します。

そして、もはや双方では明らかに異なる時間が流れていることに改めて愕然としつつ[152]、しかし、それを認めまいとする否認として、つい子どもに対して過保護、過干渉な口出しをしてしまい、子ども

▼151
子どもが自立し親元を離れると、それまで子育てに力を注ぎ、子どもの成長に人生の満足を感じていた親は、空虚感や虚脱感、抑うつ感を持て余すことになる。それまで子ども中心だった家族関係と将来設計の再編が求められる。

▼152
親としての自信を失い、それまでの苦労が報われないという失意を体験する契機になりかねない。

の側は当然のことながら、そのような親の介入をひどく鬱陶しがる――ここにも親子のドタバタが見て取れるのです。

したがって、以下の点はいくら強調しても強調し過ぎることにはならないと思っているのですが、先述した通り、子どもは思春期危機の時期にあり、一方の親は中年期危機にあるという、親子双方にとっての危機、つまり家族全体にとっての危機であるという事実です。

思春期は児童期から成人期への移行期であることは本書の冒頭で確認した通りですが、中年期も、成人期から老年期への移行期に相当しますので、親子双方、家族全体が移行期にあるというわけです。

移行期は、転換期であり過渡期でもありますので、変わりたくはないが変わらないままでもいられないというジレンマ、あるいは、今すぐには変われないがそのまま変わらないわけにもいかないという煩悶《はんもん》は、乗り越えていかなければならない極めて重大な発達課題です。それはおよそどの親子も同じことでしょう。その発達課題は、思春期の子どもだけではなく、その思春期の子どもと悲喜こもごものドタバタを繰り拡げる親の側にもれっきとしてあるわけです。

変化するということは、そのたびにそれまで手にしていた何かを失い、そして新しいものを手に入れていくということです。発達や成長はその連続に他なりません。

思春期危機と中年期危機というふたつの危機的状況が悪循環を来し、時にすれ違い、時に互いの足を引っ張り合い、試行錯誤や暗中模索、悪戦苦闘、七転八倒を余儀なくされるというのが、思春期の子どもがいる家庭のごくごく平均的な姿と言えるのではないでしょうか。

したがって、一般論として申し述べるなら、どの家族、どの親子も、それぞれの矛盾や限界を抱えながら、多少なりとも不器用で個性的なやり方ではあれ、それぞれがそれなりにギリギリのところで、ベストを尽くして必死に生きていることはもっと広く認められていいことだと思います。

毎日毎日、それなりにベストを尽くしているその家族のあり様に、第三者が浅慮から不用意に、無遠慮に口出しすることなど、あってはならないと思うのです。

おわりに

コイヌマユキさんのカバーイラストがとても気に入っています。手に入るものを手に入れ、同時に、手に入らないものや取りこぼすものも同じくらいあって、それでもまっすぐに上を見続け、そうやってその人らしさや個性が少しずつでき上がっていく――まさに思春期にぴったりなイラストだと思っています。

これまで、ライフサイクルやメンタルヘルスについて、大学生や大学院生に向けた授業のみならず、若手の臨床心理士や小中学校の先生方、一般の保護者の方々などを対象に、さまざまな形でお話ししてきました。

その際の雑多とも多様とも言える情報や、もう少し時間をかけてご説明したかったことが、このように何とか一冊の書物としてまとまったことを、まずは素直に喜びたいと思います。

本書は、主に臨床心理学や発達心理学で取り上げられることの多い思春期というテーマについて、エッセー風に書き綴《つづ》ったものです。しかし、一般心理学や基礎心理学と呼ばれる領域における、思春期とその周辺にまつわる知見についても、脚注において随所でご紹介し、私自身も再確認するという二段構成は、ささやかな学問的冒険でもありました。当初は、解説や補足説明のつもりでしたが、連想が次第に膨らんでいくうちに、あれもこれもと、書きたいことが次々と浮かんできました。

一定の立場に軸足を置きつつも、それにとらわれない、あらゆる心理学的知見に開かれた学問的態度は、人間の多様性や個別性、独自性への理解を際限なく深めることでしょう。

逆に、他領域や他学派の主張を認めず、それを排除してしまうことは、その立場から見れば確かにそう見えるという、人間に対する理解の広がりを狭めてしまいます。私はそんな窮屈さがたまらなく嫌なのです。

そのような私の態度は時に、節操がないと批判されます。あるいは、煮え切らない、と。しかし、心理学という学問を志して三〇年、理論や学派以前にまずは生身の人間が存在するという事実の前で、私は未だにそんな節操の意味がわからないままです。むしろ、本文でもご紹介した多義図形の経験のように、それまで見えなかったイルカが見えるようになることの方が、私には楽しいのです。

奇しくも、本書の校正作業の真っ最中に、恩師である九州大学名誉教授の前田重治先生の米寿と、やはり恩師である九州大学名誉教授の北山修先生の古希を同時にお祝いする会が開かれ、久しぶりにお目にかかることができました。

これまで両先生から、不肖の門下生として末席を汚すことをお認めいただいてきたことへの感謝を込めて、初めての単著である本書を両先生の案下に捧げます。

本書の刊行に際しては、学芸みらい社の小島直人さんにたいへんお世話になりました。記して謝意を表します。

平成二七年師走

金坂弥起

[著者紹介]

金坂弥起（かねさか・やおき）

1965年、神奈川県横浜市生まれ。臨床心理士・認定心理士。

九州大学文学部哲学科（心理学専攻）卒業。同大大学院教育学研究科後期博士課程単位取得後満期退学。

10年間、民間の精神科病院に勤務したのち、2007年より鹿児島大学大学院臨床心理学研究科准教授。後進の指導に従事するとともに、臨床心理士としての経験を活かして、児童・生徒の自己理解をうながすワークショップや、小中学校教員・保護者にライフサイクルやメンタルヘルスを平易に解説する講演など、さまざまな地域支援活動を行う。

共著に『精神分析事典』（岩崎学術出版社）、『カウンセリング辞典』（ミネルヴァ書房）、『日常臨床語辞典』（誠信書房）がある。

GAKUGEI MIRAISHA

あなたはこども？　それともおとな？　思春期心性の理解に向けて

2016年1月15日　初版発行

著　者　金坂弥起
発行者　青木誠一郎
発行所　株式会社 学芸みらい社
〒162-0833 東京都新宿区箪笥町31番 箪笥町SKビル3F
電話番号：03-5227-1266
HP　：http://www.gakugeimirai.jp/
E-mail　：info@gakugeimirai.jp
組版・印刷・製本　藤原印刷株式会社
装幀・章扉デザイン　芦澤泰偉

落丁・乱丁本は弊社宛にお送りください。送料弊社負担でお取り替えいたします。

ISBN978-4-905374-93-0 C0037

シリーズ みらいへの教育

大丈夫、死ぬには及ばない

今、大学生に何が起きているのか

稲垣 諭

香山リカ氏、絶賛！「テツガクと大学とリアルと心理学がつながった！こんな本は初めてだ」――。拒食嘔吐、自傷、強迫、SM、幻視、離人、倒錯、死への憧憬……。「心身の事故」に翻弄され、死の淵をのぞきこむ大学生たち。その数奇な日常に伴走した気鋭の若手哲学者が、彼ら、彼女らの肉声をもとに綴る異例のケアの記録にして、「心の回復力《レジリエンス》」を育てる癒しの哲学。

カバーイラスト：宮島亜希　装幀：芦澤泰偉

著者プロフィール　1974年生まれ。現在、自治医科大学教授。専門は現象学・環境哲学・リハビリテーションの科学哲学。著書に『衝動の現象学』『リハビリテーションの哲学あるいは哲学のリハビリテーション』が、共訳書にE.フッサール『間主観性の現象学』などがある。

ISBN978-4-905374-89-3 C0012
定価：本体2000円（税別）